人性運籌中

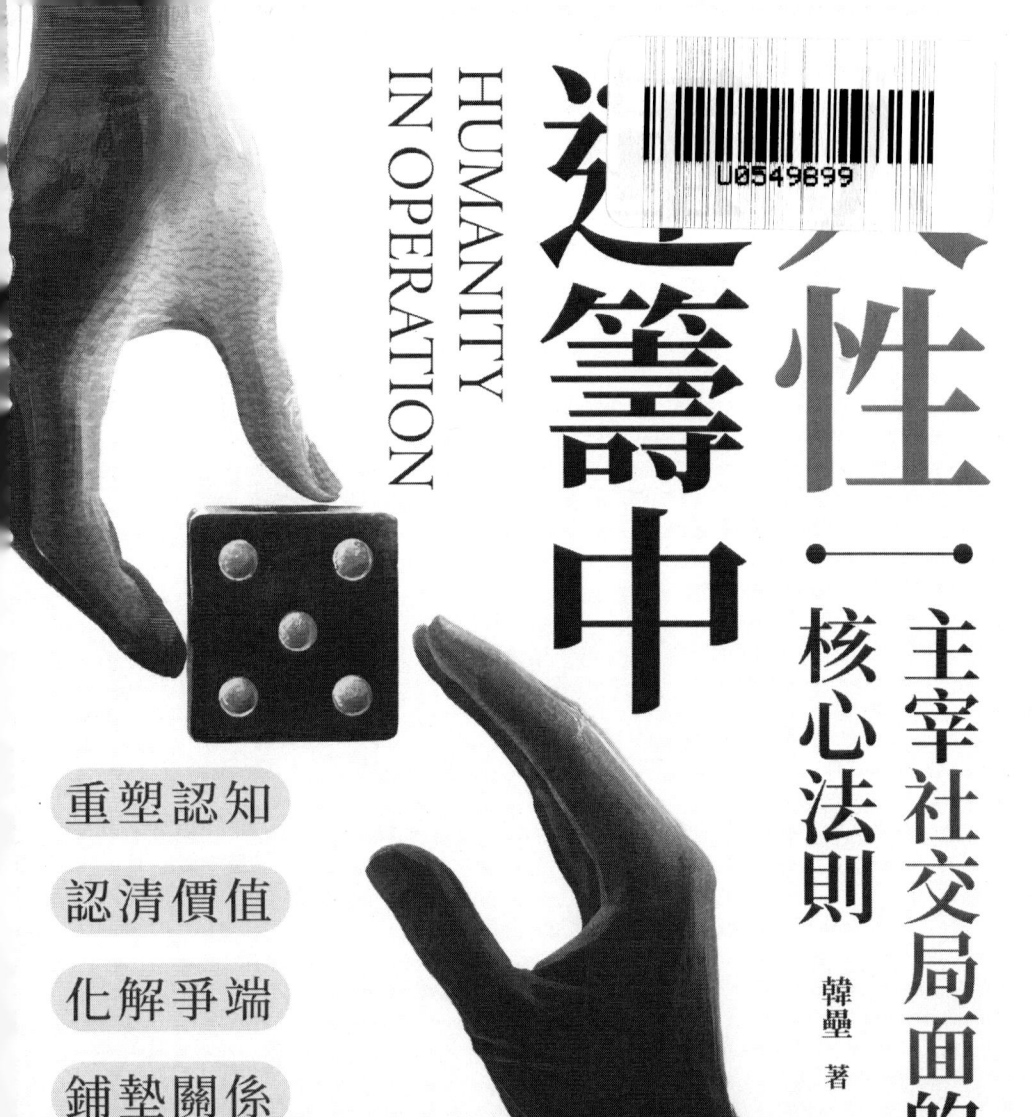

HUMANITY IN OPERATION

主宰社交局面的核心法則

- 重塑認知
- 認清價值
- 化解爭端
- 鋪墊關係

打破外界定式，書寫屬於你的贏局

韓畾 著

接受不完美的自己，學會在矛盾中成長

利益追求、情感倦怠、嫉妒、自我認知……
以敏銳的觀察力深入剖析人性弱點與潛力！

樂律

目錄

前言

上篇　認識自我，改變自我

堅守本真：拒絕成為他人的影子…………010
思維轉換：突破倦怠的束縛…………014
認清價值：挖掘你未曾注意的優勢…………019
隱藏的力量：原創比複製更有分量…………023
學會放鬆：別讓緊繃摧毀你…………029
錯誤的回頭路：如何勇敢向前？…………034
化解爭端：掌握不戰而勝的技巧…………038
提問的藝術：建立連結的最佳方式…………044
邁出腳步：沒有人替你走向成功…………048
自省的力量：批評他人前先審視自己…………054
習慣的力量：零散累積造就偉大…………058
停止嘮叨：別讓言語成為疲勞轟炸…………064
責任為本：像牧羊犬般贏得尊敬…………069
行動即力量：向鱷魚學習果斷…………074

目錄

直面逆境：拒絕因不幸而停滯不前…………079
成為主角：別讓旁觀者的名字主導…………084
孤獨的智慧：在安靜中看到真實的自己………089
摒棄閒談：讓語言承載價值………………095
為誠信除塵：守護難能可貴的品格…………100
適者生存：蜥蜴的生存哲學………………103
樂趣與工作：不僅僅是養家餬口的工具………108
純粹與妥協：魚兒為何不能留在清水中？……113

下篇　認識他人，與他人互動

鋪墊關係：理髮師的肥皂水啟示……………120
善待他人：直接指責帶來的傷害……………124
名字的力量：人際交往的關鍵標籤…………129
重視他人的感受：牙痛與天災的比較…………133
有效溝通：撒嬌背後的智慧………………138
順勢而為：讓合作走得更遠………………143
吸引力法則：以蜂蜜贏得人心………………148
潛意識教師：善於發現別人的長處…………152
拒絕冰冷的「不」：選擇更柔軟的表達………158
真實的你：透過鏡子看見自我………………162

不強求：水到渠成的美好……………………167

同理心的力量：站在他人角度看世界…………172

努力與回報：為奮鬥畫下獎賞的句點…………176

舞臺效應：用表現力贏得共鳴…………………181

競爭的火花：激勵成功的捷徑…………………186

激發行動：找到他人的動力……………………191

符號的距離：問號與驚嘆號的差別……………196

面子與價值：兩者間的隱形連結………………200

鼓勵的奇蹟：讓內心的鬧鐘響起………………205

技藝的誕生：每一步都源於行動………………210

潛規則的破冰者：一勺冰淇淋的啟發…………215

潛伏的危機：草叢中的陰影哲學………………219

寬容的回報：包容他人即是善待自己…………224

雜草心態：清除「應該」的束縛………………229

目錄

前言

　　人性，與善惡無關，在一切健全的教育中，與周圍的世界密切相關。

　　其實世界很簡單，只是在與人性的激烈碰撞中變得很複雜。

　　其實人性也很簡單，只是在利益分配的處理上變得很複雜。

　　桌子上有一堆誘人的水果，人們會在意這堆水果有多少種類，但更在意分到自己手裡的有多少；企業裡有一大堆事，人們會在意這些事有多少，但更在意自己做了多少。

　　人性潛藏著大智慧。因為周圍世界的關係，過分關注得失，最後將潛藏著的大智慧變成了小聰明。由此，人性開始演變為充滿劣根性的東西。

　　最直接的，一口百年的枯井，荒涼、孤寂、毫無遮攔，完全可以一眼到底，但這口枯井經歷過什麼，我們無從得知，它本身承載著多沉重的歷史變遷，我們仍舊無從得知。人就像這口枯井一樣，他的人性承載著多少歲月的變遷，我們無法一眼看穿，只得窺測。

　　一般而言，我們經常會聽到的一些頗有哲理的語言，比

前言

如：人越是犯錯的時候，越愛隱藏，越是無聊的時候越愛小題大做。

一個人越在意的地方，就是最令他自卑的地方。

一個人炫耀什麼，說明內心缺少什麼。

人都有以第一印象定好壞的習慣，認為一個人好時，就會愛屋及烏，認為一個人不好時，就會全盤否認。

上面的這幾句話，不可否認，我們也會遇到類似的現象，但究竟是怎麼樣的一種情況，只可意會。

這本書以一個個案例為引導，與大家探討人性。筆者只希望您在閱讀之餘，能夠對自己的生活多一些感悟，讓您在工作、生活之餘感受到進步，哪怕是微小的進步。

上篇
認識自我，改變自我

　　選擇走自己的路，讓別人去說吧。並不是所有的人都會欣賞蒙娜麗莎的微笑，但蒙娜麗莎依舊微笑著。保持自我本色，做真實的自己，不要讓複製破壞你的一生。

　　一個人要具備獨立的人格，才能得到真正的快樂！

　　面對不幸，切勿自暴自棄，勇敢面對才是最正確的選擇。

上篇　認識自我，改變自我

堅守本真：拒絕成為他人的影子

> 選擇走自己的路，讓別人去說吧。並不是所有的人都會欣賞蒙娜麗莎的微笑，但蒙娜麗莎依舊微笑著。保持自我本色，做真實的自己，不要讓複製破壞你的一生。

限量版、珍藏版、豪華版商品像神通廣大的上帝一樣，變著花樣不斷浮現在人的眼球中，像鮮豔的花朵一樣，引來一大堆的蜜蜂，很多不甘俗流的品味人士競相購買。

限量版、珍藏版、豪華版在同類型的商品中，屬於限量、屬於豪華、屬於珍藏的東西，這些標籤讓這些商品成為世界上僅此一件獨一無二，這會極大地滿足藏在你身體裡面的某種看不著的東西。

廉價的複製讓人性本末倒置，已在垂死邊緣。

夏天到了，女士的打扮成為大街上一道亮麗的風景。當然，這種風景也延續到了工作的場合。

財務人員小李和業務部的小趙是公司裡兩個最喜歡打扮的女士，她們兩人的打扮，為大家在煩躁的工作之餘增添了茶餘飯後的話題。

這天，財務員小李的一身 A 品牌夏裝韓版修身短袖連衣裙替公司增添了亮麗的風景，還引起了財務部經理的注意，「今天你穿的衣服很好看，你是一個漂亮的女孩。」

這恐怕是一向嚴肅的主管的最高稱讚了。

巧合的是，小趙穿了一件 B 品牌的夏裝，非常適合職場的一套連衣裙，這同樣引起了業務部經理的讚賞。

一個是 A 品牌，一個是 B 品牌，可想而知，多麼顯眼。

中午公司用餐時間，財務員小李認真地觀察了小趙的裝束打扮，小趙也認真地觀察了小李的衣服。兩個人相互誇讚至極的衣服多麼合身，質優價廉。

第二天，讓所有人吃驚的是，小李穿著一身 B 品牌的連衣裙，小趙卻換上了 A 品牌的短袖連衣裙。當看到對方的時候，兩個人先是吃了一驚，隨即面紅耳赤，不知所措。

兩個人的穿著打扮依舊漂亮，卻成了公司上下的笑柄。

嫉妒是愚昧的，複製只會毀了自己。縱使宇宙間充滿了美好的東西，但如果不努力你什麼也得不到。每個人內在的力量都是獨一無二的，只有你知道自己能做什麼，但除非你真的去做，否則連你也不知道自己真的能做成什麼。

社交場合中，我們每個人都是獨一無二的，都是與眾不同的，身上的獨特的氣質是其他任何人都無法具備的。如果我們能學會接受自己，看清自己的長處，明白自己的短處，便能踏穩腳步，達到目標。

然而，人性中的弱點讓我們將焦點聚集到別人的身上，羨慕別人手中的蘋果的香味，卻忽略了手中正在散發著香味的香

蕉；嫉妒別人的眉毛處的那顆美人痣，卻忽略了自己嘴角同樣有一顆美人痣。

於是，我們複製別人手中的蘋果，複製別人眉毛處的那顆美人痣。當歷盡辛苦，複製到別人手中的蘋果、別人眉毛處的那顆美人痣時，卻發現並不適合自己的胃口和形象。更有甚者，開始討厭蘋果與美人痣。

其實，錯不在「蘋果」和「美人痣」，錯在人性。

要想得到真的東西，必須要拿真的東西去換取。

一個朋友面試回來，和我說他沒有獲得這份工作是如何如何的失望，沒有說中答案是如何如何的可惜。

我很納悶。

他說他準備的問題面試官一個都沒有問，面試官問的問題的答案他一個都沒有猜對。

我更加納悶。

他說當面試官問一個問題的時候，他不是想著直截了當地說出自己的想法，而是揣測對方期望得到什麼樣的答案。當自作聰明地說出原本以為是面試官期待的答案時，沒想到答案並沒有說到對方心裡。

我說：「不能秉持本色，是你犯下的最大的錯誤。」

他說面試官和我說了同樣的話。

堅守本真：拒絕成為他人的影子

我們總期望從別人那裡得到麵包，卻忘記了我們自己其實是有工作能力的。

很多時候，我們總是在刻意複製別人的，認為別人的才是好的。

有句詩說：

你在橋上看風景，看風景的人正在樓上看你，明月裝飾了你的窗子，你裝飾了別人的夢……

意思是，別人是你看到的風景，你也是別人眼中的風景，誰是誰的風景呢？

透過複製得到的東西，已經失去了唯一性，失去了本身的價值。

這個世界上，決定東西的價格多少，不是東西本身的用處，而是東西的數量。鑽石之所以昂貴，是因為它的數量少。相較於鑽石，麵包的作用要大得多，因為麵包能夠充飢。一個人可以沒有鑽石，但不能沒有麵包。為什麼麵包的價格要遠遠低於鑽石呢？因為麵包的數量多。

在現實中，我們需要保持自我本色，不要盲目模仿。不能因為別人的看法改變自己看法，甚至是改變自己的行為。最明智與正確的做法，保持真我本色。

對於那些「複製品」來說是很難贏得別人的掌聲的。保持

自我本色，在事業上才能夠出類拔萃。想要成功，就必須走出自己的路來。跟在別人後面的人，終生只能庸庸碌碌。

思維轉換：突破倦怠的束縛

> 克服感情中的倦怠情緒的方法是克服心理矛盾，更換新的思維。

一個人的感情，分析起來，共有三個「感情」。

第一個感情，是「動物的感情」。

人是由動物進化而來的，是由一個自私自利的寄生小動物進化而來的。他雖然已經與動物區別開來，但動物的劣根性還未完全消失。

為了生存，需要有爭鬥，時而合作，時而分裂，沒有永遠的朋友，只有永遠的利益。為了達到這個目的，它至今還保存著動物的習慣 —— 在飢餓的時候，會襲擊、傷害賴以生存的環境。

第二個感情，是「社會的感情」。

單純地依靠「動物的感情」，人類難以長久存在，也許根本不能延續到現在。為了生存，他們需要收攏起部分屬於動物的感情，建立在一種「雙贏」的感情基礎上，組成社會，以馴

化「動物的感情」，這樣人類才能有秩序地生活，並持續不斷地存在。

第三個感情，是「個人的感情」。

這是屬於人類的一種特殊的感情，屬於心靈的產物，對外界環境十分敏感。由於每一個人的生活閱歷不盡相同，「個人的感情」也有著很大的不同，而感情因素中的喜、怒、哀、樂，屬於維持和控制情緒的關鍵所在。

一個健全的人，他的感情是由上述的三個「感情」組成的。這種人，有著某些動物的特性，比如狗的忠誠、狼的殘忍，但也有必須改變原始感情的需求，以符合人類社會的道德標準，例如，不能侵占別人財產，不能傷害別人性命，這樣才能夠得到社會的承認。

人類已經把「動物的感情」馴化得很好，他的感情不受「動物的感情」的支配，能夠嚴格地按照道德和約定俗成的標準表達人類的感情。但在人類的內心裡，屬於「個人的感情」的那部分卻得不到宣揚和支配。

在個人的感情中，充滿了矛盾和苦悶。比如，倦怠的情緒就屬於不可擺脫的一部分。

根據感情層面的理解，情緒倦怠是人在某些情境下，情緒方面出現的低落、厭倦等負面狀態。通常出現在以下幾種比較典型的狀態下：

上篇　認識自我，改變自我

1. 長時間重複同一動作、行為，做同一種事情，會因為機械性重複，產生反應疲勞，表現在情緒上就是一種麻木、倦怠狀態。

比如，經常能夠聽到這樣的話：「每天工作，已經對工作失去了興趣。如果不是為了生存，早就會從無味的上班生活中走出來。」

2. 長時間處在同一種外部環境中，而這些環境的最主要部分無從改變。人在這樣的環境中，會產生外界刺激停滯錯覺。

比如，婚姻生活中，每天都是一成不變的家庭生活，連以前熱衷的性生活都變得索然寡味，對婚姻、愛情失去了應有的心跳。

3. 由於某種意外情況，內心受到刺激產生的自我保護心理應急反應。在這樣的狀態下，資訊很難進入人的主觀反映視野，情緒上就表現為漠然、倦怠狀態。

比如，在愛情受過傷害的人，如果不能擺正心態，就會把愛情看作洪水猛獸，唯恐避之不及，更不用說去積極地追求了。

這幾種現象，不管是在什麼情況下發生，情緒倦怠都是一種負面的、不健康的心理狀態和情緒。

感情中一旦湧入倦怠的情緒，生活會十分苦惱和不幸。

倦怠情緒讓人類的生活充滿苦惱，常常會出現神經衰弱、

敏感、毫無興趣。想擺脫這種情緒，非要解決人性的弱點不可。

大多數的觀念中，肉和骨頭都屬於狗愛好的食物，兩者比較起來，狗肯定更喜歡吃肉。

但事實卻並非如此。

一位英國動物學家經過研究發現，骨頭和肉比較起來，狗更青睞於骨頭。

第一次，將肉和骨頭同時放在狗的面前，狗對肉只有三分鐘的熱度，三分鐘過後，狗會對肉敬而遠之，將精力放在骨頭上面。

第二次，將肉和骨頭同時放在狗的面前，狗將注意力全部放在骨頭上，並樂此不疲地啃咬著，直到骨頭被小狗啃咬殆盡。此過程中，狗對肉連看都不願意看一眼。

此後的幾次試驗，小狗依舊對骨頭感興趣，這充分證明了「能讓狗永遠感興趣的只有骨頭」。

醫治倦怠最好的辦法是，首先必須完全明白倦怠產生的原因，從根本上去著手。

以工作為例：

對工作倦怠是最常見的現象，為解決倦怠現象，很多人選擇更換工作。理智地想一想，換工作並不是解決之道。當然，當工作出現厭倦期時，換工作也許能一時解決問題，可當新工

上篇　認識自我，改變自我

作又出現了倦怠該怎麼辦呢？

根據研究，職場發展以 13 年為一個週期，5 年時間會在工作中獲得一些成績，8 年磨練才能成為成熟的職業人士。要想將對於工作的倦怠轉變為興趣，更換思維才是關鍵，更換思維才能保持職業的「新鮮」。

人比狗挑剔，狗能夠做到永遠對骨頭感興趣，人卻不能。即使人找到了那根「骨頭」，也無法做到永遠感興趣。為此，人可以用轉化思維去代替「骨頭」。

克服倦怠情緒，需要靜心沉潛下去。人性就像菩薩用柳枝蘸仙水那樣，一點點就夠了，一多就氾濫了。

要真正解決心理上的倦怠，只有「感情再塑造」這一種方法，否則人一旦發生精神崩潰，到那個時候，就晚了。

關於感情再塑造，以下幾種建議也許能有一些幫助：

1. 當出現倦怠感的時候，需要重新找到當初的感覺，重現自己當初的新鮮感。與此同時，也可以對自己說一些有新鮮感的詞語，比如今天又是嶄新的一天，又會遇到很多不同的事情等等。

2. 學會勞逸結合，學會放鬆。人的倦怠感情是因為一成不變的機械化模式導致，要適當地參加一些沒有參加過的活動，幫助自己減壓。

3. 要養成自我突破的習慣，就要常常挑戰自我，別人還沒

有要求你改變，你自己就已經在那裡求新求變了，在倦怠感到來之前求變。

4. 找到歸屬感。在眾多場所中，家是一個極少出現倦怠感的地方，因為家屬於歸屬地。在生活、工作中，找到歸屬感，如果處處都能找到歸屬感，那感情必將如同蔬菜一般充滿美好和新鮮。

認清價值：挖掘你未曾注意的優勢

保持樂觀，凡事要往好的一面去想。

每天，網路上都有很多人在抱怨生活壓力，你會因為生活壓力大，而放棄生活嗎？

你會回答：這是個什麼爛問題？當然不會，那叫因噎廢食。

然而，很多人卻經常這樣說：現在的離婚率那麼高，讓我都不敢談戀愛了。說得還挺理所當然。也有不少女性看到類似的諸多報告，就對自己的另一半憂心忡忡。這不也是類似的反應？

生活中，凡事要往好的地方想。

所謂凡事要往好的地方想，就是得相信：雖然生活壓力很大，我還是要幸福地生活；雖然道路很艱險，我還是會平安地

上篇　認識自我，改變自我

過馬路。

來說一個小故事：

一條小蛇問自己的媽媽：為什麼你的體型那麼龐大？而我和你比起來，簡直微不足道。

媽媽回答說：你還沒有長大。

小蛇說：可是鄰居的小蛇，他的體型為什麼那麼大？

媽媽說：因為你的眼中只能看到十分之一的身體。

故事很有趣，小蛇只看到自己身體十分之一的面積，就抱怨自己的體型太小，不是體型太小，而是眼睛看到的東西太少。

回頭想想自己，你能夠看到你身上的多大面積？

再來說一個故事：

一個無所事事的年輕人，整天嘮叨著自己一無所有，抱怨自己沒有一個億萬富翁的爸爸。

這天，碰到了一位老者，老者聽完年輕人的抱怨，問年輕人想要多少錢才滿足，年輕人說最少要一千萬。

老者聽後說，我現在給你一萬砍掉你一隻手，你願意嗎？

年輕人說那當然不行了。

老者又說那我給你一百萬砍掉你的一隻手臂，你願意嗎？

年輕人以不容商量的口吻說，絕對不可能。

老者接著又說，我給你五百萬砍掉你一條腿，你願意嗎？

年輕人急了，說老者在和他開玩笑。

老者笑了，最後說道，這樣吧，我給你一千萬，你把命留下給我得了。

年輕人一聽大怒，吼道：你瘋了嗎，我的命才值一千萬？

這時老者微微一笑說道：年輕人，我給你一千萬你都不肯成交，也就是說你有不止一千萬，那你還天天抱怨什麼呢？

蛇的眼睛中只能看到十分之一的身體，但卻是在用全部的身體前進；人能夠看到身體的絕大部分，卻完全忽視它們。

這是人性的一大缺陷，容易忽略，容易被眼前的一片樹葉擋住目光。

很多人都有這種感受：當自己意氣風發、大展身手之時，便會感覺到生活是如此的美好。即使自己一無所有，卻能看到成功時的自己；而一旦遇到困境、舉步維艱之時，就覺得生活失去了意義，甚至感到世界末日即將來臨。即使身處金字塔的頂部，但內心已經跌入萬丈深淵。

這是人性的缺陷最直接的展現。

每個人的內心深處都有一份價值意識，他們希望被重視，希望維護自己的尊嚴。如果你忽略了這些意識，你就永遠無法發揮它們的作用。

上篇　認識自我，改變自我

生活中，個人主觀性在相當程度上影響和改變著人們的生活和事業。

不要覺得自己一無是處，一無所有。一無是處是你在大腦裡將自己定位為一無是處，一無所有是你將自己的軀體定格為一無所有。一旦確定了基調，你就已經徘徊在一無是處、一無所有的惡性循環中。

美國著名社會學家經過研究，得出的結論是：

我們每個人擁有90%的長處，而只有10%的不足。

然而，我們卻完全不懂得如何處理這90%與10%的關係。

我們總期望別人看到自己，卻忘記了我們自己看到自己才是最重要的。

社會學家舉了一個例子，說：「小時候，因為父親沒有為我購買我期望中的鞋子，我覺得很不幸，我悶悶不樂。當我走到大街上，見到有人缺了兩條腿的時候，我才發現自己如此幸福。」

當你將自己的10%與他人相比時，你不禁會感嘆：原來我如此富有。

晴空萬里時，我們感覺處處充滿陽光；烏雲密布時，我們更需要感覺到陽光。

每個人的生命中都有這樣兩個目標：

（一）追求你所要的。

(二) 享受你所追求到的。

每個人都在拚命地追求自己所要的,卻完全忘記了第二個目標。只有最聰明的人可以達到第二個目標 —— 享受你所追求到的。

在生活中,我們擁有 90％ 的長處,而只有 10％ 的不足,同樣,發生在我們身上的事情約有 90％ 是好的,10％ 是不好的。如果你想過得快樂,就應該把精神放在這 90％ 的好事上面。

眼睛只盯著 10％ 不好的,會完全遮住 90％ 好的。

生活中,凡事往好的一面去想,這種習慣比你擁有千金還要幸福。

隱藏的力量:原創比複製更有分量

> 凡事都要用心,否則再小的事情也無法完成。

每逢節假日,總能收到許多千篇一律的祝福簡訊,找遍了整天訊息,都看不到自己的名字。除了發送者的姓名不一樣之外,其餘都是一樣的,這讓我一度懷疑手機是不是染上了病毒,無限制地複製訊息。

這些訊息發到了我的手機裡,命運已經注定,或許蚍蜉的

壽命要比它還要長一些吧！出於禮貌，我回覆簡單的幾個字：佳節快樂！當然，我會附上他的姓名，表示看我的訊息時能夠看到自己的名字。

在 90% 的情況下，我希望這種訊息不再出現。但鈴聲響過之後，我比以前更堅信我的希望變成失望了。

我即使被複製的訊息說服了，但卻固執地堅持著我本來的意見。

複製的訊息缺少一種東西──靈性，我只能這麼說。

再來說幾個奇怪的現象：

我認識一位叫威廉的英國年輕人，他特別喜歡京劇，不遠萬里，從英國到中國學習京劇。威廉跟隨一位京劇老師學習，除去上課的時間之外，其餘的時間幾乎全部用來學習京劇。

威廉很努力，花了三年的時間，學得認認真真，甚至有很多次催著老師教他，把老師累得半死，可結果也就學個一星半點，咿咿哇哇半天，要麼就是音不對，要麼就是腔不對。上臺邁腳，總也不對路數，自己著急，老師也跟著著急。

希臘有一種精美的繡花手巾，白色的布品織上蕾絲般的花紋圖案，非常美麗。桌巾、床單、圍裙，還有小件的手帕、頭巾等，有種希臘特有的白色的美感。希臘奧運會期間，一個朋友到那裡去，喜歡上了這種手工藝，努力學習這種繡花手藝。由於時間有限，她購買了一本學習這種繡花手藝的書籍，又找

了一個懂希臘語的朋友幫忙翻譯成中文,努力學習。

然而,兩年過去了,她依舊是只掌握一點皮毛。繡出來的東西無論如何也無法達到那個標準,大家都不知道是差在哪裡,最後只好放棄。

當今世界上,很多先進國家的汽車技術都很先進,而德國和日本的汽車技術是最為發達的兩個國家。尤其是日本生產的汽車,品質更是一絕。日本汽車的程序與各國的程序沒有任何不同,都是先生產出零件,然後再組裝。美國、英國,為了省錢,向日本人提出分批生產零件,自己組裝。然而,這幾個國家組裝的日本車,卻怎麼也比不上日本人自己組裝的精良。

很多人懷疑原因出在組裝技術方面。為此,派人去學習組裝技術,然而,根本看不出有什麼可學的名堂。各個部件的零件是一樣的,組裝機是一樣的,程序也是一樣的,組裝順序和動作都是一樣的。然而回到自己國家,組裝的汽車還是不如日本人。

原因到底出在什麼地方呢?

DELL(戴爾)電腦公司的創始人是麥可・戴爾(Michael Dell)。公司成立於 1984 年,註冊時資金只有 1,000 美元,而到了 2009 年,它的銷售額達到了 390 億美元。其中,1999 年是戴爾筆記型電腦的一個分水嶺。從那一年起,戴爾筆記型電腦的銷售額節節攀升。

上篇　認識自我，改變自我

　　DELL 的成功，離不開戴爾的行銷方案。在國中時，年輕的戴爾擁有了第一臺蘋果（Mac）電腦，並且迅速將興趣轉入電腦背後的商機，他用賣報紙賺的錢購買電腦零組件，將電腦改裝售出獲得利益，接著再改裝另一臺。透過他一系列的分析，他得出了一個想法：只要自己的銷售量再多一些，而且沒有中間商，自己改裝的電腦又具有價格優勢，還有品質和服務上的優勢，這樣就可以和其他店，甚至 Apple、IBM 這些大公司競爭了。這個想法就是今天 DELL 公司輝煌的泉源。

　　當時，HP、Apple、IBM 等，牢牢占據著電腦市場。如何能夠在激烈的電腦市場中占有一席之地，與戴爾高明的行銷手法息息相關。

　　戴爾的行銷方案中有四個關鍵詞：Where？ What？ How？ Why？

　　Where？即了解消費者在哪裡購買，在哪裡使用。即了解消費者在購買某類商品時的習慣。

　　What？即了解消費者在一年中的哪一季，一季中的哪個月，一個月中的哪個星期以及一個星期中的哪一天，一天中的什麼時間實施哪類購買行動和需要什麼樣的商品或服務，了解消費者什麼時候消費哪類商品的服務。

　　How？即了解消費者怎樣購買、喜歡什麼樣的促銷方式，又包括要搞清楚消費者對所購商品如何使用。

Why？即了解和探索消費者行為的動機或影響其行為的因素。消費者為什麼喜歡這個型號的商品而不喜歡另外一個，為什麼單買這種包裝、規格的商品而拒絕接受其他種類等等。

戴爾將上述理論框架結合實際中的電腦購買行為，研究出一種行銷模式——那就是著名的「戴爾模式」。早在 DELL 成立之初，Apple、IBM 等知名電腦公司的銷售商品方式無一不是代理銷售，然而戴爾便打破了這一模式。DELL 緊緊抓住客戶管理、員工服務與供應商這三者關係，形成了他的成功祕訣。

當今網路發達的社會，透過上網或一個電話，你便可訂購 DELL 的電腦。然而 DELL 在全球的客服中心，並沒有任何庫存，這節省了大量資金。當接到訂單，便依據訂單從配件供應商提供的零配件開始組裝，一臺 PC 從原料入廠到打包出廠不出 5、6 小時，而組裝只需 5、6 分鐘。這便是「戴爾模式」的效率展現，這大大縮小了必要勞動時間，提高了勞動生產率，這也是為何 DELL 如此迅速地發展的原因。

除此之外，良好的售後服務也是 DELL 成功的一個原因。透過直銷模式與顧客建立了直接連繫，不僅節省了中間環節所浪費的時間和成本，也更好、更直接地了解了顧客的需求，並培養起一個穩定的客群。DELL 不僅透過網站和電話為顧客提供了全面的售後服務，而且定期會主動向客戶打電話，徵求意見。這一點，充分證明了商品的服務極大地影響了消費，也帶

動了 DELL 的發展。

戴爾模式的成功，在於透過最便捷的方式，了解顧客的需求，最大化滿足了顧客的需求，消除顧客的後顧之憂。這應了杜拉克（Peter Drucker）的一句話：「顧客是為了滿足需求而購買，所以不同的產品出現時，對他們而言，它們只不過是滿足需求的不同產品而已。」

的確，DELL 的迅速崛起讓所有人感到吃驚。這是一種全新的行銷模式。

從表面上看，這也是一種非常容易模仿的行銷模式。可讓人不解的是，那些模仿「戴爾模式」的企業卻以失敗告終。

原因何在？

1980 年代，英國科學家提出了一個名詞：看不見含量。正是看不見含量的存在，影響著同一事物的不同結果。比如，威廉學習京劇、朋友學習繡花技術、日本企業組裝汽車，之所以同樣的努力達不到相應的效果，就是因為不同的文化背景、人文素養甚至世界觀與潛意識發揮著決定作用。在事物的表層，這些因素卻是無法洞察的。同樣的表層現象，內含卻有著天壤之別，其中的差距甚至是致命的。

以京劇為例，在學唱京劇的過程中，京劇人的大腦裡，始終裝滿了京劇的傳統藝術，血液裡流淌著京劇的神韻，有一種潛在的京劇風韻指揮著他們。而沒有潛意識中的神韻意識，充

其量只能是模仿，模仿得再像，也存在著龐大的差距。

當今科學的發展，讓許多領域都已經無祕密可言。然而同樣的產品，同樣的技術，仍然存在著很大的差別。

正像有人說的那樣：東和西，到底有多遠，誰也不知道。其實這是一個用心的問題，心差多遠，東和西就差了多遠。

日常生活中，我們的眼睛所能看見的東西畢竟是有限的。許多看不見的含量，才是決定事物或某項藝術的最終因素。

生活中，要學會用心，只有用心才能發現別人發現不了的，才能掌握別人掌握不了的祕訣。

學會放鬆：別讓緊繃摧毀你

> 學會放鬆，是為了積聚更多的動力去工作。

人們目前的狀態，處於一種流行性的緊張狀態，是一種流行性的傳染病。一旦你走上社會，挑起一副擔子，很快就會感染上這種病。

這種緊張的狀態，就上上緊了發條的時鐘，常常有不能維繫的危險。一旦某一天發條的精神狀態太滿，在強烈的扭曲中斷開是不足為奇的。

因此，許多現代優秀人物，在緊張的生活中猝然離去，一

上篇　認識自我，改變自我

閉一睜變成了一閉不睜，這一點也不會讓人覺得奇怪。

一位美國房地產富豪是位成功的商人，一輩子賺了幾十億美元，而且也存了相當多的錢。但是在他五十歲之前從來不曾輕鬆過。

他在自己的回憶錄裡這樣寫道：

剛剛下班回到家裡，自從我的資產增加以來，我首先改造的就是餐廳。餐廳中的家具是用世界上名貴的木材所製作，十分華麗，有一張大餐桌和六張椅子，很溫馨，但自從它們出現在我的餐廳裡，我根本沒去注意它們。

我在餐桌前坐下來，心情十分煩躁，於是我又站起來，在房間裡走來走去。我心不在焉地敲敲桌面，示意我想吃飯，儘管我一點胃口也沒有，我站起來想走進臥室，差點被椅子絆倒。而我的腦海中還盤算著我正在接手的一單棘手的生意。

我的妻子這時候走了進來，在餐桌前坐下；她和我打招呼，我完全沒有心情理會。我用手敲桌面，這時僕人把晚餐端上來。我很快地把東西一一吞下，兩隻手就像兩把鏟子，不斷把眼前的晚餐一一鏟進嘴中。

吃完晚餐後，我感覺到很緊張，立刻起身走進起居室去。臥室同樣非常豪華，這是我從小的理想——將我的臥室裝扮得和我小時候睡的臥室一樣漂亮，不，甚至還要漂亮。一張長而漂亮的珍貴的杉樹材質的沙發，一張高級按摩靠椅，地板鋪

著高級地毯,但是我絲毫沒有心情欣賞。

莫名地煩躁,在同一時刻中拿起一份報紙,匆忙地翻了幾頁,急急瞄了一瞄大字標題,然後,把報紙丟到地上,拿起一根雪茄。我一口咬住雪茄的頭部,引燃後吸了兩口,便把它放到菸灰缸去。

百無聊賴之際,我突然跳了起來,走到電視機前,打開電視機,等到影像出現時,又很不耐煩地把它關掉。大步走到客廳的衣架前,抓起我的帽子和外衣,走到屋外散步。

我這樣子已有好幾百次了。雖然我在事業上十分成功,但卻一直未學會如何放鬆自己。

自從進入房地產時代以來,我每天都在擔心,擔心該死的國家政策隨時會變,我變得神經緊張,這種職業上的緊張氣氛從一開始的辦公室中,到現在隨處都在。

這一切,直到有一天,我心肌梗塞住進醫院。我的妻子對我說──你已經昏迷了十六個小時,我一直為你祈禱,偉大的上帝將你留在我的身邊。

我賣掉了生意,失去了賺錢的機會,卻感到從未有過的放鬆──我開始欣賞每天的日出和日落。

富豪之所以出現這種神經緊張的毛病,就是因為他不懂得掌握鬆弛自己的祕訣。

當一個人工作過於忙碌,忙得無法完成他的工作,或者當

上篇　認識自我，改變自我

他的神經中樞被一種嚴重的疾病破壞了的時候，那種情形就是富豪的這種表現。

如果你覺得你的精神出了毛病，大有即將崩潰的危險之時，你需要冷靜下來，放鬆心情。

你為什麼不能放鬆？

人性的缺陷中，每一種特性，都有其原因和目的。

有一次，我和一個同事去觀看一場演出。演出中，有幾個年輕的女子組成的樂隊演奏了貝多芬的命運交響曲。演奏的過程中，我發現同事緊緊地攥著雙手。這個節目結束之後，我問剛剛的演奏好不好，他回答說：「曲子演奏得很不錯，可是，你沒有看見她們穿的衣服多麼彆扭嗎？我一直在擔心，臺下的觀眾會不會嘲笑她們？」

緊接著的是一個魔術表演，在觀看魔術的過程中，眼角的餘光讓我注意到他又是在緊緊地攥著雙手，一副很緊張的樣子。

魔術結束之後，我問你剛剛怎麼了，他回答說：「我一直在擔心，他的魔術萬一失敗了，臺下的觀眾會不會嘲笑他？」

一直緊張，無法放鬆的人，善於破壞自己不了解的東西。神經緊張的人，就是不肯好好彌補低賤心理的人，面對自己不了解的事，便想辦法破壞掉，而不是去接受或者學習。

想要放鬆，享受生活的愉快，就要努力提高自己的知識，

擴展自己的見識。知道得越多，對生活的幫助也就越多，對事物的了解越多，對社會越有用，才能夠放鬆。

因此，想獲得輕鬆的心情，一定要了解自己的能力範圍，知道應該在什麼時候放下，輕鬆一會。如果你所承擔的責任十分重大，需要養活幾十甚至幾百個人，你更需要知道在什麼時候卸下這些責任。

史密斯在八個小時的工作時間之外，從來不帶通訊設備，也從來不和他的下屬聯絡。他的觀念很簡單：工作是我的，生活更是我的。

儘管他的公司了有四十多位員工需要他養活，但他絲毫不以為意。

同樣，他的弟弟也有一家公司，但是他的弟弟明顯要忙碌很多，甚至會拒絕史密斯家庭聚會的邀請。

這天，史密斯終於有機會和他的弟弟坐在一起。

他的弟弟說：「真該死，公司有三十多個員工需要我養活，真是討厭。」

史密斯糾正說：「我倒不這麼認為，我還需要我的下屬養活我的公司呢。我只需要掌握好方向，其他的事情我很少過問。」

史密斯的話讓他的弟弟突然一陣警醒。

一個人能力有限，不可能做完所有的事，世界上也沒有做得完的事。如果明天我從世界上消失了，還能夠要求自己把今

上篇　認識自我，改變自我

天的事情都做完嗎？

只能揀最重要的事情做，其他的事，時間一到，就放下。

史密斯是一個懂得放鬆的人，他的放鬆來自做事看大方向。如果史密斯凡事都要過問，連公司洗手間裡有沒有衛生紙都管，那就會喪失創造力。就像開車一樣，要一邊開車一邊抬頭看目標，不要到前面沒有路了才知道──開進了死巷，想回頭都沒有機會。

微笑著是一種生活，哭喪著臉也是一種生活。既然這樣，何不放鬆使自己微笑呢？

人應該生活在趣味中，生活在有價值中，如是哭喪著臉捱過幾十年，那生命便成為沙漠，要來何用？

放鬆有的時候很簡單，換個角度，換個方向，可能都會是另一種精采。

錯誤的回頭路：如何勇敢向前？

> 認識錯誤，並能夠進行正確地改正。

如果我們錯了，立刻勇敢地承認自己的錯誤，並給予改正。

至於如何改正錯誤，這其中需要說明的太多了。

一位國學大師在一次演講中,問臺下面聽課的公司老闆:「你們犯過錯沒有?犯過傻沒有?」

人非聖賢,孰能無過?聽課的人齊聲給予肯定的回答。

他追問:「憑什麼你們能犯錯卻不允許下屬犯錯?」

下面是笑聲一片。至於笑聲代表的意義,需要認真會意。

犯錯不可怕,可怕的是意識不到錯誤,即使意識到錯誤,卻不知如何改正,這才是最不可容忍的。

錯誤,是世界上最普遍的現象。但是犯了錯誤卻不採取任何實際的補救措施,這才是最可悲的。如果不是病態的心理,就是一種死不悔改的態度了,這已經屬於滅絕的邊緣了。

來說一個諷刺人不知悔改的段子!

有一個秀才,整天文縐縐地模仿古人做一些詩詞,到處炫耀。

一次,他進京趕考,半個月過去了,想寫一封家書,家書的內容包括四個方面:京城周邊發生了嚴重的豬瘟,不知道家裡養的豬情況如何;離開家半個月了,不知道父母的身體如何;來時所帶的盤纏已經花光,希望父母送錢;天冷了床鋪需要鋪稻草,希望家裡趕快帶來。

這四層意思經過他的表達,就變成了這個樣子:此地豬瘟大發,父母大人安否?我已無錢買菜,請送稻草一捆。

上篇　認識自我，改變自我

這封信被很多同鄉的人嘲笑。

秀才意識到這家書寫得很失敗，決定再寫一封，做出解釋，內容變成：豬瘟與父母無關，父母與買菜無關，買菜與稻草無關！

這封家書更是貽笑大方！

錯誤帶給人種種痛苦和不安，為了免除這些痛苦和不安，我們不得不加以研究和討論，以求改變這些錯誤。然而，改變錯誤需要花費很大的精力。錯誤與正確絕非是反方向而行之便可以達到的。相反，錯誤不是偶然的事，而是生活中無意識行為的一部分，而改正錯誤，需要建立在一定的基礎和目的之上。

故事中的秀才意識到了錯誤，轉而去改正錯誤，只是改正錯誤的結果卻是再一次犯了錯誤。

任何一個人都犯過錯，犯了錯能夠下定決心去改正，即使不能完全改正，只要堅持不懈地努力下去，盡力而為，也能對得起自己的良心了。

然而，徒有認識錯誤而不去做切實可行的補救工作，這是最不可理喻和無法接受的。只要真心去改正錯誤，雖然不能完全補救也不要緊，但一定要以最可能正確的方式去彌補，而不是為了掩蓋舊的錯誤，犯了新的錯誤。

不久前，我的妻子在使用熱水瓶的過程中，因為操作不

當,熱水瓶發生了爆炸,這也讓她受到了不小的驚嚇。妻子見到這種情況,立刻關掉家裡的插座電源。待水冷卻之後,將熱水瓶裡面的碎玻璃倒進垃圾桶。她對這次事故出現的原因非常清楚,是因為自己操作不當。於是她認真仔細地看了使用說明書,還諮詢了一些相關的專家,雖然花費了不少時間,但她覺得這是值得的。

同樣,另一位朋友的妻子也在使用熱水瓶的過程中發生了爆炸。但從這件事發生之後,朋友的妻子再也不使用熱水瓶了。而且,她到處向別人訴說,那次爆炸幾乎要了她的命。因為受到驚嚇,她不能安眠,苦悶不堪,甚至辭去了工作。

這種對錯誤的過度敏感,是超越心理承受能力的,她對自己的行為,並沒有做出一點切實的、有價值的補救。

再來說一個故事!

有個農場主人,在自己的院牆上了一行字:此處出售新鮮雞蛋!

有一個秀才經過,說:「這句話有毛病,此處出售,別處就不出售了嗎?」

農場主人一聽,知道犯了錯誤,趕緊把「此處」去掉。

第二個秀才經過,說:「這句話有毛病,雞蛋是出售的,難道農場裡其他的產品就不要錢?」農場主人趕緊把「出售」去掉。

上篇　認識自我，改變自我

又有一個秀才經過，說：「這句話有毛病，雞蛋是新鮮的，其他就不新鮮？」

農場主趕緊把「新鮮」去掉。

這天，來了一個買雞蛋的人，他問：「牆上只剩下了『雞蛋』兩個字，什麼意思？」

農場主人聽了之後，又把招牌換成「此處出售新鮮雞蛋」。

改正錯誤是正確的，但是如果對別人的意見不加甄別就採納並「改正」，那麼結果同樣將是一無是處。

對於犯下的錯誤，不僅要勇於承認，更需要正確地改正，這才是承認錯誤的最大價值所在。

化解爭端：掌握不戰而勝的技巧

> 提高自控能力，避免無謂的爭論。

在進入主題之前，先讓我說個笑話：

孔子的弟子顏回和一個耕農發生了爭論，耕農認為四乘以七等於二十七，顏回則認為四乘以七等於二十八。爭執不下，兩人爭論了一天一夜，誰也沒有說服誰，最後只好去找孔夫子論理。

孔子聽完之後，用戒尺狠狠地打了顏回二十戒尺。顏回感

到非常委屈,很不服氣,責怪孔夫子處事不公。

孔夫子卻說:「你竟和認為四乘以七等於二十七的人爭論,本身就很愚蠢,難道不該受罰嗎?」

孔夫子的話說得很有道理。有理不一定非要爭辯,即使有理,若是糾纏於一些無謂的爭論,實在是一件愚不可及的事。

我說這個笑話,是要說一個問題:不要在一些無謂的問題上爭論,這是愚蠢的行為。

再來說一個有趣的故事:

在某機場,我剛剛走進機場,就看到一個身材高大的年輕人,在人群中格外醒目,周圍的人還對他指指點點。看到他時,我的第一反應:這應該是一個籃球運動員,或者是某職籃球隊中的一員。

當他走近我時,我看到他的衣服上印著:不,我不是籃球運動員。

這讓我感覺到很幽默。

他走過之後,我特意轉過頭去看,發現他的衣服後面還印著:你愛乒乓球嗎?

候機的時候,我恰好和他距離不遠。

我走過去問怎麼穿一件這麼幽默的衣服。

他笑笑說:「這不算什麼,我家有一打(12件)這種衣

上篇　認識自我，改變自我

服。我最喜歡的一件印著『我身高212公分，上面的空氣很新鮮』。」

他繼續說：「我16歲到18歲這兩年，整整長高了26公分。不管我走到哪裡，人們都指指點點地議論我，和我爭論身高那麼高，為什麼不去打籃球。最後媽媽告訴說，既然你不願意和他們爭辯，索性就加入他們。正是她想到讓我穿這種衣服的。」

他的媽媽真是聰明的母親，而他則是一個聰明的年輕人。

生活中，很多的小事都會引起爭論，這些無謂的爭論容易使我們失去冷靜。如果這些爭論使你煩惱，不妨把心放寬，眼裡容不得沙子的人，不能評價為正直，只能說他太戾氣。

這天，我去朋友的公司找一些資料，中間發生了這樣的事情。

朋友的祕書說，一個老客戶打來電話找他，朋友要求把電話接進來。我準備起身出去，畢竟這屬於公司機密，朋友示意我坐下，不礙事。

朋友按下接聽鍵，朋友剛剛說出你好，就聽對方發出一串牢騷：

我兩週前就索要商品目錄，但至今未收到，你們工作怎麼這樣做？

我緊張地望著朋友，在猜想他如何解釋，會不會解釋說負

責這單業務的職員請假了,或者說自己是祕書的錯之類的。

出乎我的意料,朋友說:「您說得對,很抱歉讓您至今未能收到。如果您能把地址告訴我,今天我會親自送過去給您。」

對方隨即說道:「不用麻煩了,你安排一下吧,盡量幫我透過電子郵件傳過來吧!」

我問為什麼不找藉口搪塞,朋友說:「如果對方的抱怨理由充分,沒有必要多費心找藉口。相反,承認對方抱怨有理,並表示歉意,這會有助於問題的解決。」

朋友是有智慧的人,在別人抱怨時,不做爭論,這是避免衝突的最有效、最簡單的方法。

在別人抱怨的時候,不需要爭論,告訴對方你很抱歉,這並不等於自認有錯,這只是認可對方的抱怨並以此消解抱怨。

隨即,採取正確的措施彌補,而不再糾纏在無謂的事情上。

人性的統一性讓人對自己很有自信,認可自己接受的知識並透過知識解決的問題,不會懷疑自己做的事情是錯誤的。

比如,人最看重的相貌。沒有人會覺得自己的相貌醜陋,這是因為人性中最認可的是自己,最相信的是自己。

任何一個人,都無法聞到自己的口臭,更無法看到自己臉上的黑痣。

上篇　認識自我，改變自我

　　人性的缺陷導致我們在看到一些與自身不符合的事物時，有一種使之改變為與自身相協調的想法，這樣就非常容易與別人發生爭論。

　　美國總統林肯（Abraham Lincoln）在自己的日記中記錄了這樣一段話：

　　任何下定決心有所成就的人，絕不肯在私人爭辯中耗費時間。爭辯的結果，包括發脾氣，失去自制，其後果往往是令人難以承擔的。與其跟狗爭辯，被牠咬一口，倒不如讓牠先走。否則就算宰了牠，也治不好你被咬的傷疤。

　　美國教育家卡內基（Dale Carnegie）在《人性的弱點》（*How to Win Friends and Influence People*）一書中寫道：

　　有一種方法能得到爭辯的最大利益──那就是避免爭辯；避免爭辯就如同避免響尾蛇和地震一樣。

　　與人爭論絕沒有最終的勝利者，只會使矛盾加深。

　　爭論的雙方，一方的意見被對方證明錯誤的時候，他會有一種被侮辱的感覺，這種侮辱感會被急速地擴大，將別人對意見的否定上升到對人格的否定。而勝利的一方，一定認為自己的意見絕對正確，進而將對對方意見的否定上升為對對方全部的否定。

　　這就像鬥雞一樣，誰勝誰敗沒有關係，牽扯關係的是鬥雞的主人。鬥雞輸的一方，他的人性中的缺陷會將自己定格在自

己的人格被別人打敗，而勝利的一方，眼中看到的不是自己的鬥雞贏了，而是自己的人格勝利了。

上升到人格的高度，是一件非常可怕的問題。

爭論對一個人精神上、身體上的損害還在其次，最大最可怕的影響，是在人際溝通上。爭論發生的雙方，就會降低合作的可能性。

爭論可以避免嗎？

當然可以。

喜歡爭論的人，無非是為了證明自己，想證明他的無所不知、無所不能。既然這樣，為何不退讓一步，滿足他的這種心理需求呢？

順著別逆著就行了。不管他提出的問題如何，你以禮告之，告訴他你贊同他的意見。人在自滿的時候，戒備心是最低的，再做出最合適的選擇，實現預期的目標。

避免無謂的爭論，可以使我們排除干擾，不為外界所累，投入全部的精力處理最正確的事情。

避免無謂的爭論，需要有虛懷若谷的態度，看透爭論，你就不會因別人的意見與你不合而懊惱了。

任何肯花時間對你表達不同意見的人，必然和你一樣對同一件事情表示關心。把他們當作要幫助你的人，就可以將爭論轉為合作。

上篇　認識自我，改變自我

　　要實現有效溝通，絕不能對任何人──不論其智力高低，都透過口頭的爭鬥去改變他的思想。

　　不要爭論，合作不是透過爭論能夠實現的。

　　透過爭論獲得的深厚功力，是空洞的，是得不償失的，因為你永遠得不到對方的好感。

提問的藝術：建立連結的最佳方式

> 收起自己的鋒芒，緊閉嘴巴，讓對方多談他自己。

　　生活中，很多人經常犯一個錯誤：表現自己，一定要多說話。然而，在這種想法的支配下，一旦打開話匣，就難以止住。

　　這些心理急於讓對方了解自己，明白自己的意見，話說得太多了。

　　其實，這是一種得不償失的行為，因為話說得多了，既花費精力，又傳遞太多資訊給他人，讓別人的主角心理在潛意識裡受到傷害。在某些國家，真正的主角屬於滔滔不絕的人，比如會議上那些發言的人。

　　除此之外，一個說話太多的人，只顧遵循著自己的想法組織語言，對對方缺乏任何了解。他們的話讓對方更多地了解自

己,卻無法從對方身上吸取更多的東西。這裡的問題不在於別人太吝嗇,而是他沒有機會,是你不給別人機會。

曾經,公司裡有一個女同事,我們都稱她麗姐。在一次聚會上,她和我們說起了這樣一件事:

從女兒步入青春期以來,她和她的女兒瑞雪的關係一直都不太好,有一段時間,甚至出現惡化的局面。瑞雪以前是個十分乖巧、聽話的孩子,但是當她進入青春期之後,卻與她產生了許多矛盾,拒絕與她合作。麗姐曾試圖用各種方法說服、教育她,但都無濟於事。

「她根本不聽我的話,我幾乎對她絕望了。她已經快要段考了,還去約她的朋友去遊樂園玩。當她回來的時候,我很生氣地罵了她。」

「我已經沒有耐性了,我傷心地對她說:『瑞雪,你怎麼變成這樣了?』」

「瑞雪似乎看出了我的痛苦。她問我,『你真想知道嗎?』我點點頭。於是她開始告訴我以前從未跟我說過的事情:我總是命令她做這做那,卻從來沒有想過要聽她的意見。當她想跟我談心的時候,我卻總是用家長的權威說服她。此時,我才知道,瑞雪其實很需要我的理解,但她希望我不是一個獨斷、專制的媽媽,而是一個親密的朋友,這樣她才能傾訴煩惱。而以前,我從未注意到這些。從那以後,我開始讓她暢所欲言,而

我總是認真地聽。現在,我們的關係大大改善,我們成了好朋友。」

我依然記得,麗姐和我說完之後,意味深長地說了一句話:

讓她暢所欲言,她對於自己的事情、自己的問題知道得比較多,所以,多問她問題,她會主動告訴你所有的事情。

我的一個同學,一個多月以前到這裡參加一次投標活動。

我說,在他談好生意後,我要帶他到這座城市參觀一下。他告訴我,沒有問題,不過我並不看好這次投標,儘管級別能夠實現他們的要求,但是價格方面分歧很大。

一天後,同學打電話告訴我,生意談成了,讓我帶他到這座城市參觀,費用他全部報帳。

後來,同學告訴我,生意的成功完全在他意料之外。

「在具體詳談的時候,他拿出我事先寄給他的資料。我並不抱多大希望,而且聽說他已經決定了一個投標機構,之所以預約我,是看重我們公司的資歷,想坐地殺價。」

「一開始,我沒有像以往一樣,拚命地介紹我們公司的資歷和所獲得的成就,而是問『如果能夠與貴公司合作,我將會十分自豪。聽說您在25歲的時候開始建立這家公司,成立之時只有一張桌子、一間辦公室、一部二手桌上型電腦,簡直難以置信。這是真的嗎?』我問道。其實,這個是我來之前聽經

理和我談的,我的出發點很簡單,找個話題。」

「後來,我才知道,每個成功的人都喜歡回憶自己早年的創業經歷,尤其是艱辛的創業歷程,並且十分高興別人能聽他講下去。他也不例外。他跟我說了很久,說了他如何依靠 2,000 元現金開始創業,每天工作 16 小時,沒有休息日,甚至過年外面鞭炮陣陣時,他依舊在努力,終於被他抓住了一次機遇。」

「整個過程中,我說的話很少,『然後呢?』、『這真不可思議』、『換作是我,我根本堅持不下去』,如此而已。」同學說道。

「最後,這個老闆說『根據你們的價格,再降低 10 萬,我們就成交。』這讓我很意外,這次的殺價是幅度最低的。」

我問「然後呢?」同學說,然後就是現在這樣子了。

我們會心一笑。

同學成功的原因可能沒有這麼簡單,但是有一點十分重要:他聰明的提出了一個對方十分感興趣的問題,並且鼓勵對方多說話,因此給了對方很好的印象。

人性的自重感,來自比較,這種感覺出現在當對方勝過我們的時候。然而,當我們勝過他們的時候,給他們一種自卑的感覺時,我們也會引起他們的猜忌與嫉妒。

讓對方滔滔不絕地談自己,是在給對方一個機會,一種能

夠讓對方有自重感的機會。滿足了對方的心理需求，他自然會在心裡感激給他自重感的人。

要實現有效溝通，就要盡量讓對方多說話，他們對自己的成就和經歷一定比對你了解的要多。因此，在必要的時候，向他們多提一些問題，讓他們在表現自重感的過程中，告訴你一些事情。這樣做將會使你們的交流更有效果。

當然，在溝通的過程中，如果你不同意對方的觀點，你可能會想去反駁他。可是你千萬不要這麼做，因為這將是非常危險的。當一個人在自重感的支配下，將自己觀點表達出來的過程中，他絕對會對反駁他意見的人很反感，異於平時被反駁的反感。例如，一個飢餓的人，正在狼吞虎嚥的時候，被別人搶走飯碗，將會讓他發瘋，比讓他一直保持飢餓更嚴重。

因此，對別人的反對意見，你要做的事情就是聽聽他有什麼觀點，鼓勵對方充分地表達自己的意見。

然而，現實中很多人為了讓別人的意見與自己的觀點保持一致，往往採用一種錯誤的策略：說話太多，用自己的觀點強行征服別人的意見，這往往只會適得其反。

邁出腳步：沒有人替你走向成功

一個人要具備獨立的人格，才能得到真正的快樂！

德國是世界上最注重培養孩子獨立人格的國家。

在孩子很小的時候,不管家庭環境如何,父母就開始培養他們的獨立性,讓他們飼養動物,如小狗、小貓等,讓孩子在照顧牠們的過程中,培養自身的責任感和獨立性。

孩子們平時的零用錢並不是父母給的,而是幫父母做些力所能及的家事獲得的勞動報酬。

德國人的觀念中,人就是個生物,與萬物平等。在人類這個範疇,他就是一個人,普通人,將來做什麼不是現在就能計劃的。

德國的父母普遍有這樣一種平常心:讓孩子成為一個合格的社會人,快樂地過一生,僅此而已。

至於孩子長大之後,能夠走多遠,腳步在孩子的身上,父母無權干涉。

德國的父母認為,家庭教育需要一個寬鬆正確的起跑點,不會在一、兩歲的時候就為孩子選擇好學校、好老師。孩子這個階段最需要的是父母的智性溝通。

德國的父母從來不拿孩子與別人比較,只是想完善他的能力,讓孩子有快樂的自我的人生,到了上學的年齡,孩子是優等生還是落後生,父母很少過問。

德國父母的「冷酷無情」,把孩子逼上自立、自強之路,培養出了他們勇敢堅毅、不屈不撓的人格和品性。在這方面,亞

上篇　認識自我，改變自我

洲的父母則要差很多。

當前，心理醫生這個職業越來越普遍，作為父母關於孩子諮商心理醫生的現象越來越普遍，他們總愛問一些：「我的孩子現在越來越叛逆怎麼辦？」、「孩子越來越不依賴我怎麼辦？」等問題。

而這些問題，是德國父母從來不會問的，他們只會問，「我怎麼樣才能讓孩子獲得獨立的人格呢？」

亞洲的父母在尋找如何讓孩子依賴自己的方法，而德國的父母則尋找如何讓孩子不依賴自己的方法，兩種教育必然導致兩種不同的結果。

一位心理學家說：「當一個人關注獨立人格方面的問題時，就證明他們的獨立意識已經走上正軌，這是走向更高舞臺的初步表現。」

羅斯福（Franklin D. Roosevelt）不僅是個偉大的總統，更是一個偉大的父親。他一直十分注重培養自己的孩子的獨立人格。羅斯福有四個兒子，每一個兒子都非常出色，這全部依賴於羅斯福的培養。

他曾經說過一句話，這句話被很多人引用：在家庭裡，我不是總統，只是一個父親。

從孩子十六歲起，他就讓孩子們獨立生活，反對他們依靠父母過生活，讓孩子們憑自己的能力自食其力。因此，羅斯福

的孩子像其他孩子一樣，做兼職賺零用錢。

羅斯福的次子富蘭克林‧羅斯福（Franklin D. Roosevelt Jr.），在 20 歲去英國旅行，在英國他看上了一匹好馬，花光了自己所有的積蓄購買下來。然而，卻沒有了回去的旅費，打電報向父親求救。

父親回電說：你和你的馬游泳回來吧！

富蘭克林只好賣掉了馬，作為旅費回家。第二次世界大戰時，羅斯福的四個兒子都上了前線。

羅斯福病故時，由於處於特殊時期，只有小兒子約翰‧羅斯福（John Aspinwall Roosevelt）守在跟前，其他的三個兒子都堅守在自己各自的軍艦上，用這種特殊的方式為父親送行。

人，作為一個獨立的生命個體，需要明白「人為什麼而活著？」、「人生的最高價值是什麼？」這非常重要！這個問題是支撐著人們尋求高尚生活的動機。

人的存在不僅僅是生命的存在，更是一種精神的存在，一種獨立精神的存在。

然而，生活中我們經常可以看到許多不具備獨立人格的人，這些人無法擁有真正的自我，他們的精神為別人的精神所奴役，甚至比古代的奴隸還要悲慘。

奴隸僅僅是身體被奴役，而這種人則是想法被奴役，不具備獨立的思考，只能被動地接受別人的價值觀念。

更為可悲的是，儘管生活在奴役之中，內心卻渾然不知，甚至深深地依戀著，並因被奴役而快活。

經常能夠聽到有些人（多為女性），因為感情問題而自殺，這就是缺乏獨立人格的表現。

我有一個朋友，失戀之後痛不欲生，選擇了自殺。大好的年輕人，就這樣離去了，白髮人送黑髮人，真是可憐可恨。

有句話說，這種失戀後選擇輕生的人，是人格的缺陷所導致。他們並非沉迷於失戀，而是沉迷於人格的缺陷中。就好比兩個抱在一起行走的人，一旦一個人摔倒了，另外一個也會跟著摔倒，因為他缺少獨立的人格。

缺乏獨立人格的人，所謂的失戀，根本就是青黃不接。如果前腳被一個人給踹了，後腳卻被一個更優秀的人接手了，那她根本沒有時間去顧及失戀。

一個人，作為獨立的生命個體，首先應該具有完全獨立的精神層面，想法上獨立，行為上獨立，同時具備選擇獨立生活方式的權利。

然而，由於人的社會性質——人屬於群居動物。自從人來到這個世界上，便無時無刻不受到來自各方面的有形和無形的束縛，這些束縛來自於成長環境、社會文化、家庭生活、社會準則等。

要具備獨立人格，就需要人無時無刻不和這些無法避免的束

縛展開爭鬥，並且在不斷的爭鬥中完善自我，追求獨立的精神價值。人的整個生活的過程就是尋找自己獨立生活方式的過程。

偉大的戲劇家、文學家莎士比亞（William Shakespeare）在成長過程中，經常受到來自家庭和社會無形的影響，這成為影響他獨立人格的重要因素。但在不斷的成長中，吸收到的經驗和知識成為他創作的泉源，讓他在不斷的創作過程中，完善自己、完善作品。

莎翁在成長的過程中，為了具備獨立人格精神，沒有刻意去遵守社會為他制定的一系列行為準則，選擇以自由意志來指導自己的思想和作品，沒有按照社會、他人所期待的模式去生活。

莎翁為我們提供了最好的準備，不要按照社會、他人所期待的模式去生活，而是建立在自由意志之下，走屬於自己的道路。

一個人只有具有獨立人格，才能具備自己的思想體系，才能在思想體系的指導下，重審一切道德價值標準。

具備獨立思考能力是具備獨立人格的先決條件，思考是人生存的必備條件，沒有思想就不可以作為人，思考隨人的生命存在而存在，無論人處於何種狀態之下，哪怕是在深沉的睡眠中，大腦思考都在不停地運動著。

生活中，感性的思維能讓人擺脫塵世的苦難和無奈，理智

的思維能讓人擺脫一切的世俗偏見，洞察到事物本來的面目。理性和感性的思維，讓人擺脫僵化的限制，從而讓人擺脫精神上的奴役，而達到獨立自主的精神境界，也只有達到獨立的精神境界，才能完善獨立的人格。

自省的力量：批評他人前先審視自己

> 要實現有效溝通，在批評對方之前，讓別人改掉身上的錯誤，首先要指出自己的缺點。

美國紐約電視臺曾播放過這樣一段讓人啼笑皆非的影片：

影片中，一個軍官模樣的人，在舉行閱兵儀式，軍官一臉威嚴，眼睛就猶如是鷹眼一般的銳利，在掃視著行列。

在檢閱的過程中，突然間，他好像發現了什麼，就直直地走到一個士兵面前，將士兵上下打量了一番，然後嚴厲地命令說：「把口袋上的扣子扣好。」

這士兵非常慌張，結結巴巴地問：「是現在嗎，長官？」

軍官說：「是的，馬上！」

這個士兵小心翼翼地伸出手，把上校襯衫口袋的扣子給扣上了。

這個時候，鏡頭停在了長官的襯衫的口袋上，原來他身上

的制服也出現了同樣的問題。

讓人啼笑不已。

雷根（Ronald Reagan）上任美國總統之後，應加拿大總理特魯多（Trudeau）的邀請，前往加拿大進行國事訪問。

在加拿大總理府進行演講的過程中，雷根的演講不斷被反美示威的加拿大群眾所打斷，看著目前的處境，特魯多顯得很不自在。

雷根笑著說：這種事情在我們美國時有發生，我想這些人一定是特意從美國來到貴國的。他們想使我有一種賓至如歸的感覺。

這一席自嘲的話，使特魯多頓時眉開眼笑了，同時也使雷根很順利地擺脫了尷尬的處境。

雷根首先指出自己經常處於這種境地中，說明自己也不是無可指責的，然後再讓特魯多接受目前的處境，不要被環境影響情緒，兩人之間的交流溝通就會順暢多了。

一位美國心理學家在自己的著作中，說：批評不僅僅是一種方法，更是一種智慧，沒有人願意聽到批評的話，但能夠在批評別人之前，我們先批評一下自己，就會完全不同了。

心理學家到一所大學講課時，有人向他推薦了一位助手史坦利，心理學家高興地答應了。

史坦利還只是一個大三的學生，沒有任何的經驗，對於商

上篇　認識自我，改變自我

業常識和生意上的事一無所知，有一段時間，她經常犯一些錯誤。

看到史坦利連最簡單的事情都處理不好，心理學家非常生氣，很想責備她幾句。但轉而一想，她年紀小，閱歷淺，不能太苛求，於是改用和顏悅色的口氣對她說：「現在你經常做錯事，這是很難避免的，我在你這個年紀的時候，也像你一樣，經常做錯很多事情。但後來我注意學習，犯的錯誤就越來越少了。因此你也要多學習，我相信將來隨著年齡的增長，你一定會增長才幹的，要留意學習。」

從那之後，史坦利的錯誤越來越少，每次有錯的時候，心理學家都會說：史坦利，你做錯了事情，我在沒有用心的時候，也會犯這些錯誤。因此，你要用心去改掉這些錯誤。

在史坦利畢業之後，成為心理學家的得力助手，直到現在。

人際溝通中，如果能夠在批評別人之前，先指出自己的錯誤，再讓被批評者聽他自己的錯誤，似乎就不十分困難了。

人際互動中，我們常常如故事一中的軍官一樣，在看待別人缺點的時候好像攜帶了放大鏡一樣，但對於自己的缺點，卻好像是瞎子一樣的看不見。批評別人容易，反省自己難。卻很少有人能夠做到像雷根總統一樣，先進行自我批評，消除別人的戒備心理。

故事一中的長官，如果能夠在批評士兵之前，用眼神掃視一下自己的服裝。隨即對士兵說：「你認真地檢查一下我的著裝，有沒有問題？」

不管士兵如何回答，長官都可以說：「是的。我像你一樣，也存在這樣的問題，但我希望你可以在以後的時間裡，注意服裝，讓我們一起改掉這個錯誤。」

相信這個效果會更好一些。

卡內基說：人與人之間的關係不是批評而是欣賞。欣賞對方的長處，包容對方的短處，宣傳別人的好處，擔當別人的難處。

人性的劣根性，決定自己的眼中容不得半點沙子，尤其是別人的思想或者行為產生的「沙子」，即使這種沙子本質上只是與自己的價值觀念、思想相衝突，而不是真正的雜質，卻因為人性的排他性導致一併被劃入沙子的範疇。

當發現沙子時，會以最嚴厲的方式對待，卻根本不顧自己是不是成為了別人的沙子。

想真正地避免沙子，需要認真地檢索，確定這粒沙子是真正的沙子，而不是價值觀念、思想相衝突產生的沙子。另外，還需要在幫別人清理沙子的時候，自己身上不要有沙子，否則只會適得其反。

生活中，當人們做錯了事，或者發生了被別人嘲笑的事

上篇　認識自我，改變自我

情，當他自己主動告訴你時，或許會坦白地承認錯誤。然而，如果是你直接指出他的錯誤，那麼他一定會出於自我保護的目的找出種種理由加以辯解。這是人性的一種本能反應，當受到外物侵襲時，會全力收縮保護。

你可以透過實驗，無論是小疏忽或大錯誤，幾乎沒有人能在別人指出後立刻坦率地、不為自己解釋地承認錯誤。因此，需要批評他人、幫助別人改掉錯誤時，一定要講究方法，態度要誠懇。

習慣的力量：零散累積造就偉大

> 養成良好的習慣，這有助於人們的成功。

先來說一件事！

數年前，華航的一架客機由花蓮機場順利起飛，飛機到達的目的地是臺北。機長已經習慣開這條航線很久了，已經駕駛這架飛機七年了，依照習慣，照例起飛之後就左轉。

然而，升空幾分鐘之後，機長突然意識到，當天的飛行方向換了不同的跑道。副機長也意識到了，匆匆地問一句，「左轉？右轉？」機長同樣是匆匆答了一句「我知道」，隨即拚命把機頭拉高，卻已經聽到機艙內的警告雷達響起，很快飛機接著撞上了高山，全飛機的人都罹難了。

在找到的黑盒子裡，只有兩個人簡短的交流：「左轉？右轉？」「我知道」！

再來說一件事！

美國總監會主席佛羅蒂斯的助理艾琪爾女士有個習慣，對經手的每一份文件，在交給資料輸入員之前，都會花三分鐘的時間瀏覽一下。

儘管這個習慣在一定程度上影響了工作效率，但艾琪爾依然堅守這個習慣，十年如一日。

2007年，艾琪爾像往常一樣，從佛羅蒂斯手裡拿到確認的資料表，檢查了一下，交給了資料輸入員之時，參照以往的習慣，認真地看了一下。

突然，她似乎發現了什麼問題，但一時間也無法確定。

她要求輸入員十分鐘之後再過來。總監會負責很多的資訊，每一個資訊的公布都必須在規定的時間內完成，耽誤十分鐘會發生什麼情況，誰也無法預料。

資料輸入員要求請示佛羅蒂斯，艾琪爾說，「我親自去！」

兩個人為了資料發生了爭執，佛羅蒂斯甚至有點憤怒了，「你既然找不到問題，就應該立刻發布這些資料，不然引起的後果會非常嚴重。」

艾琪爾深吸了一口氣，說：「請您再核對一下，我的習慣告訴我，這組資料肯定存在問題。」

上篇　認識自我，改變自我

佛羅蒂斯為了讓艾琪爾閉嘴，只好選擇核對。

「噢！我的天！」佛羅蒂斯情不自禁地大叫起來，原來他忙中出錯，把一個小數點點錯了位置。如果結果公布出去，將會使得賣出的數額一下子放大一百倍，總監會的損失將無法彌補。

一個不爭的事實是，當追求優秀變成習慣時，將會催生出強大的力量。

習慣是一種能夠催生出強大力量的東西，甚至可以主宰人生。

習慣是一種經過強化、反覆的行為，由偶爾為之到習以為常，由一根繡花針變成鐵杵，由鐵杵變成鐵環，再由鐵環變成鐵鏈，最後，定型成了無法改變的習以為常的動作。

拿破崙‧希爾（Napoleon Hill）曾經說過這樣一句話：「習慣能成就一個人，也能夠摧毀一個人」。

的確，沒有誰生下來就注定是成功者，成功是修練出來的。從咿呀學語到離開人世，幾十年的歲月，有的人步入成功的範疇，有的人則在坎坷的境遇中徘徊不前；有的人遇到了機遇抓住了，繼續昂首闊步；而有些人的人生機遇錯過了就永遠錯過了，今後也難以找到彌補的機會。

究其原因，主要是習慣好壞的問題。有的人形成了很好的習慣，有的人形成了很壞的習慣。

暢銷書作家傑克・霍吉（Jack Hodge）在《習慣的力量》（*The power of habit*）一書中這樣寫道：

所有的成功都能歸結於一種習慣。勤奮是一種習慣，堅持是一種習慣，成功是一種習慣，優秀也是一種習慣。

把追求優秀當成一種習慣，讓追求優秀隨著我們的日常行為習慣性地表現出來，這是成功者必備的為人處世的準則。

當前，無數的事實告訴我們，成功的方法各有不同，成功的要素各有不同，但成功的關鍵可簡單地歸結於一點：追求優秀的習慣的力量。

所以，我們從現在起，就要把追求優秀變成一種習慣，把追求優秀的行為變成第二天性。

人的天性使人每時每刻都在無意識中培養自己的習慣，當這種習慣養成之後，就會形成一種潛移默化的影響，其他的都要臣服於習慣之下。因此，我們要有追求優秀的習慣，讓自己變得優秀。

一個人要想成功，要想在社會中占有一席之地，就一定要不停地追求優秀。不管你當前正在從事文員、業務員還是技術工作，都要有更上一層樓的信念。不要認為你從事的工作是極其平凡、任何人都可以做的工作，你從事的工作是一個行業，如果能夠在行業中做出成績來，更能證明你的能力。不要整天在工作中抱怨，覺得從事的工作沒有出頭之日，掏糞工時常

都能受到大人物的接見，你還擔心足夠優秀的你沒有出頭之日嗎？難道在你心中，你不如一個掏糞工人？

身邊有很多成功者讓我們羨慕，他們之所以成功，就在於他們不斷地努力打拚，追求優秀。他們永遠不會認為自己的事業已經到達頂峰了，可以不再追求優秀的思想。

一位企業家成為很多人羨慕的對象，其實在此之前，他也是平凡之人，只是在不斷向前追求的過程中成為優秀者的。不排除有些人是天才，但絕大多數的人天生資質差異都不是很大的。最後所表現出差異很大的原因，在於一生中是否追求優秀是一個重要原因。

美國哈佛一位心理學教授曾經做過這樣一個實驗：

教授在一所大學班級裡進行了心理學試驗，在演講的過程中，他宣稱要替十名聽眾進行智力和能力測試。最後他隨意選出10個人，然後分別向他們說，經過測試你們具有超出常人的智力水準和決斷能力。

此後，他一直追蹤這十個人的發展情況。結果發現，這十個人中，有的成了成功的商人，有的成了議員，有的成了工程師。

是不是偶然情況？教授抽中的十個人的水準都高於其他人呢？

不是，其中一個事例是最有力的證明：

當時抽中的十個人有一位已經是進入社會的年輕人，他陪自己的妹妹去聽演講，他當時已經輟學了，在一家餐廳做傳菜員。就是這樣一個傳菜員，幾年之後居然已經成為一家餐廳的老闆。

這個老闆說：「我本來的最高目標是開一個雜貨店賴以為生。但自從那次測試之後，我就以優秀的標準來激勵自己，找到了克服困難的方法。現在我準備開連鎖餐廳。」

這說明了一個人追求優秀和不追求優秀差異是很大的。

如果「優秀」成為一個人的習慣，那麼，這個人的大腦已經超越別人。

追求優秀的習慣是一種下意識的行為，是無須思考而自然產生的，最能反映一個人的習慣。一個人行為舉止上的細節優秀，則習慣優秀，具有這樣習慣的人肯定是一個有責任心的人。

一個不可忽視的現象：人並非生來就具有某些惡習和好習慣，而是後天慢慢養成的。對於生活來講，有些習慣可能會阻礙我們的成功；而有些則會幫助我們獲得成功。對於前者，我們應該努力改正，對於後者，要多多培養，養成良好的習慣。

上篇　認識自我，改變自我

停止嘮叨：別讓言語成為疲勞轟炸

喋喋不休的嘮叨是害人害己的毒藥，一定要遠離。

美國第 16 任總統亞伯拉罕‧林肯在白宮的時候，承認自己的家庭生活很不幸，這一切是因為他有一個喜歡嘮叨的妻子。「如果家庭中有三分鐘的寧靜，這是我的最高希望了。」

如果這是一位歷盡種種挫折而堅持奮鬥的最偉大的男人，所能希望得到的僅僅是三分鐘的家庭安寧，你是一種怎樣的感覺？

如果你確定身邊沒有一個喜歡嘮叨的人，也確定自己不是一個嘮叨的人，你可以很自豪地對自己說：「我比亞伯拉罕‧林肯這個坐上總統寶座的男人要幸運得多。」

然而，如果你不能確定身邊沒有一個喜歡嘮叨的人，也不確定自己不是一個嘮叨的人，為什麼你不能打消這種不確定呢？

語言是人類最重要的交際工具，也是人類的思考工具。它發揮著傳情達意、交流思想、消除誤會、拉近距離、增進了解的作用，是所有動物中最動聽的聲音。

然而，如此動聽的聲音，如果利用不當，則會成為一種令人發狂的噪音。

如果你想表達感情，可以用神情、聲調、手勢等。當然，語言是最方便的途徑，不受天氣、光線、障礙物的影響。如果將語言變成了嘮叨，你還能正確地表達你的感情嗎？

永遠不能！因為這樣，你直接否定了你最美麗的工具。你的方式只能使他反擊，永遠不能使他願意主動接近你。你可以用人世間所有的詞彙去組織你的語言，但你卻不能獲得他的任何好感，因為你已經在挑戰他的承受底線了。

不要一開始就用連續不斷的詞彙去表達你的感情，這樣是不好的，因為這樣就等於說「我將窮盡人世間的語言去達到我的目的」。

這是一種地毯式的轟炸，只能引起別人的反感和牴觸。

在家庭生活中，一個女人的嘮叨對家庭帶來的不幸遠遠超過奢侈浪費。亞伯拉罕·林肯就是最好的證明。

同樣，蘇格拉底（Socrates）的妻子贊西佩（Xanthippe）是出了名的愛嘮叨的女人，為躲避她，蘇格拉底大部分的時間都躲在雅典的樹下深思哲學，他的一生飽受妻子的嘮叨之苦。

蘇格拉底這樣描述他的妻子：她的一張嘴巴，足以遮蓋她身上所有的美麗。

然而，贊西佩卻始終沒有意識到這個嚴重的問題，而且可笑的是，她總是以為可以用嘮叨來改變丈夫，直到蘇格拉底選擇和她離婚，她依舊沒有改變自己的丈夫。

上篇　認識自我，改變自我

　　其實，用這種方式改變男人，一點效果都沒有。真想讓它發揮作用，得等到世界毀滅的那一天。

　　美國一位著名的社會學家曾經做過一份調查，結果顯示，男人討厭女人的行為中，排名第一的就是「囉唆嘮叨」，遠高於排名第二的「不愛打扮」。男人選擇伴侶時，容貌是一個重要的參考因素，但是在嘮叨面前，男人寧可接受一個容貌醜陋的女子，也不願意忍受一個喜歡嘮叨的美麗伴侶。

　　我的父母在一起生活三十五年了，我和父親探討過這個問題，他告訴我：

　　當我們嘮叨的時候，我們或許自己並不那麼認為，我們會認為這是一種正常現象，甚至會為我們的豪爽、豁達而自豪。其實我們沒有發現，我們正在將別人不喜歡吃的食物強行塞進別人的嘴裡，即使明明知道這樣是行不通的……

　　比如，母親常常對我發號施令，如果得不到回應，就會不斷地重複要求，「你究竟什麼時候去換燈泡？」

　　這讓我感覺很不爽，即使我最後完成了這個使命，但我卻很不樂意。

　　最可怕的是，有時候她的嘮叨將我的自信心都腐蝕掉了，就像一塊石頭被不停滴落的水珠侵蝕掉那樣。甚至我開始對生活和工作失去信心。

　　接著，父親告訴了我一件事情。

他的一個同事，妻子整天嘮叨，暗示他能力不足。丈夫則認為，自己做事自有分寸，輕重緩急都能掌握，不需要別人指示。在妻子的嘮叨中，他失去了他的工作，他的妻子也和他離了婚。不過離婚後，沒有想到的是，他像一個生過病的人一樣摸索著重新恢復了健康，並在工作中獲得非常不錯的成績。

嘮叨是在帶有強烈的情緒發洩的過程中逐漸形成的，一旦成為習慣就像對麻醉藥上癮一樣很難改掉。

心理學家曾經說過，如果一個女人在 20 多歲剛結婚時，就整天被不健康的情緒感染著，整天嘮叨著，那麼等她到 40 歲時，她的情緒將一塌糊塗，沒有什麼事能讓她滿足，她將成為一個無可救藥的、令人討厭的嘮叨女人。

傾訴、抱怨、輕蔑、嘲笑、喋喋不休……一旦人被這些負面情緒感染後，處理不好，就會轉化成喋喋不休的嘮叨。嘮叨是一種殘酷的行為，具備這種行為的女人實在是太可怕了，因為這些都是最高明的殺人不見血的方法。

林肯因為妻子的嘮叨，寧願一個人孤獨地生活，也不願意回家與妻子團聚；蘇格拉底寧願選擇與妻子離婚，也不願意忍受嘮叨……

現在你應該相信嘮叨會給人帶來極大的副作用了吧！

當然，如果你想知道自己是否嘮叨，問問你身邊的人就知道了。如果別人說你是一個愛嘮叨的人，你一定非常震驚繼

而憤怒不已,不過不要急於否認,那只會證明別人的看法沒錯而已。

拿破崙(Napoleon Bonaparte)深知嘮叨的危害性,因此,他向他的士兵傳遞命令時,只說一遍,以恰到好處的語言宣傳一遍,既不冗餘也不缺失。

如何改變這種嘮叨的習慣呢?

(1) 避免重複講話

一句話說超過四次,就已經是在嘮叨。另外,一句話說了四次以上,說明根本沒有見到效果,既然這樣,又何必還要浪費唇舌?嘮叨只會使他下定決心絕不屈服。

(2) 冷靜對待負面的情緒

如果感覺到自己處於負面的環境中,不要急於發洩出去,暫時將想法寫在一張紙條上。等到冷靜下來時,再仔細地思考這件事。

(3) 用溫和的方式達到目的

「一滴蜂蜜比一勺膽汁能夠捕到更多的蒼蠅。」這句話仍然適用於今天。要想達到你的目的,不妨使用一些溫和的方法。這些溫和的方法,將會讓你的目的更容易實現。

(4) 學會激勵

利用激勵,而不是強迫別人去做你強迫別人做的事,這是

人際溝通中必須掌握的一門藝術。如果我們不用激勵的方法，而是用嘮叨的方式去推動別人行動，那麼，要想實現自己的目的會很難。

(5) 培養自己的幽默感

以幽默的方式對待發生的事情，會讓你的心情舒暢。那些常常為芝麻般的小事而影響情緒的人，早晚會精神崩潰的。

不管是男性還是女性，都應該對嘮叨引起足夠的重視。因為這是在消極情緒下，最容易出現的錯誤。而且一旦養成習慣，將很難能夠改掉。

林肯和蘇格拉底這些偉人之所以生活不幸福，就與家庭生活有關係，而且他們都有一位喜歡嘮叨的妻子。因此，如果你想讓自己獲得幸福，也讓他人幸福，那就從現在開始──不再嘮叨！

責任為本：像牧羊犬般贏得尊敬

責任心是一個人最直接的標籤，做個有責任心的人。

責任，是標榜一個人的普世價值。一個沒有責任感的人，無異於被否定了全部。

舉一個不大不小的事例！

上篇　認識自我，改變自我

柯林頓（Bill Clinton）是美國緋聞最多的總統，柯林頓性醜聞案將柯林頓推到輿論的風口浪尖：

與實習生陸文斯基（Monica Lewinsky）在辦公室裡口交，弄髒了陸文斯基藍色的連衣裙。

當這則消息出現的時候，柯林頓面臨著前所未有的壓力和挑戰。更要命的是，柯林頓在事實面前矢口否認，百般抵賴，甚至不惜鋌而走險作偽證，完全喪失了一個總統該承擔的責任。

在性騷擾訴訟中，柯林頓向陪審團祕密作證。作證時，他被問到是否與曾任白宮實習生的陸文斯基發生性關係，柯林頓斷然否認。

此後，錄音、人證等越來越多的證據證明柯林頓撒了謊。一時間，騙子、謊言家充斥著整個輿論，柯林頓被迫承認，並向美國公民道歉，向妻子和家人道歉。

8月17日，柯林頓在白宮面色沉重地向全國發表電視演講，對自己在性醜聞案中誤導美國人民而向全國人民道歉，並對所發生的事情負全部責任。

柯林頓性醜聞案的來龍去脈，在9月21日公開播出。柯林頓再次道歉，並表示對事情負全部責任。

柯林頓的一系列行為，不僅沒有讓他失去民心，反而讓民眾對柯林頓的支持度上升了6個百分點。

柯林頓的道歉，讓美國公民原諒了這個緋聞總統。美國公民覺得，寧可要一個有缺陷的人性化的總統，也不要一個沒有責任心的國家領袖。

4年之後，柯林頓的自傳《我的生活》（*My Life*），首印全美發行150萬冊，還沒上市就預訂一空。

缺乏責任感的人，在生活中遇到的困難最大，對別人的損害也最大。人類的所有失敗，都產生在缺失責任感的這類人身上。

西元1870年代，一位美籍巴西人卡洛斯，經過苦心的經營，創辦了一家小銀行。

然而，一次銀行搶劫案讓他破了產，失去了所有的積蓄，銀行很不容易培養起的客戶也失去了存款。卡洛斯經過一夜的思索，決心承擔起所有的責任。

根據美國法律規定，卡洛斯沒有任何責任，儲戶可以提供相應的證據，政府賠償相應的損失。

然而，卡洛斯拖著妻子和四個兒女從頭開始，他決定償還客戶那天文數字般的存款。

儘管所有的人都勸他：「你為什麼要這樣做呢？這件事你是沒有責任的。」

但卡洛斯卻回答：「是的，在法律上也許我沒有，但在道義，我有責任，我應該還錢。」

上篇　認識自我，改變自我

當卡洛斯的事蹟被媒體報導後，引起了強烈的反響。

美聯銀行總裁霍夫爾親自邀請卡洛斯加盟美聯銀行，「有一個如此有責任心的同盟，這是美聯銀行的自豪！」

在卡洛斯的努力下，美聯銀行在半個世紀內，一直穩坐金融業的頭把交椅。

一個有責任心的銀行，是不會有客戶拒絕的。

湯姆在老師的護送下，哭著回到了家。湯姆的母親對老師表示了感謝，詢問老師這到底是怎麼一回事？

老師說：「我很抱歉！因為他打了同學，我責備了他。」

湯姆連忙辯解：「我沒有錯，我沒有打他！」

原來，在玩遊戲時，湯姆嫌前面的同學動作緩慢，一把推倒了他。同學站起來，又推了湯姆，湯姆就和同學打起來了。

母親向老師道了謝，然後拉著湯姆進了門。

「怎麼回事？」她看著兩眼紅紅的湯姆問道。

「賽斯動作太慢，影響了我們隊的勝利，為了勝利，我把他推倒了，賽斯又反過來推我，我們就打起來了，老師就罵我了。」湯姆臉上掛著兩行淚珠，補充說道，「誰讓他拖慢了我們隊的速度。」

聽到這裡，母親基本上把事情的來龍去脈搞清楚了，她語氣平和地問湯姆：「難道你一點責任都沒有嗎？」

「沒有！不是我的錯！是賽斯先拖慢大家的速度的！」

「好，現在我問你，他的動作慢，你為什麼不上前幫助他，而是推倒他呢？如果你不推倒他，而是幫助他，賽斯會摔倒嗎？」

湯姆默不作聲了。

「現在你再想想，你一點責任都沒有嗎？你是男子漢，記住，不要把什麼責任都推到別人的身上！遇事仔細想一想，為什麼別人會這樣對你，你是不是做了什麼不對的事情。」

最後，她對兒子湯姆說了一句話：「你得學會對自己的行為負責！」

湯姆用力地點了點頭。

這個男孩就是好萊塢唯一一個連續兩年獲得影帝稱號的湯姆・漢克斯（Tom Hanks）。

「當你的孩子回來向你訴說在外受到的『委屈』時，你會怎麼做？是劈頭蓋臉地責備孩子一番，還是氣憤地要帶孩子找那個孩子『算帳』？」

「我母親的做法，幫助她的孩子分析自己身上存在的問題，讓孩子明白每個人都要對自己的行為負責，發生錯誤時，不要一味地抱怨別人。」湯姆・漢克斯在領獎時這樣說道。

人們中誰都一樣，無論是屠夫、麵包師傅，還是白宮裡的總統，都喜歡有責任心的人。

上篇　認識自我，改變自我

責任是一個人最關鍵的標籤，也是一個人邁向成熟的第一步。人們生活在世上，就必須要面對生命中的諸多責任，絕不能在受難或跌倒的時候，孩子般地踢椅子出氣。

當然，逃避責任比承擔責任要容易得多，我們很多人就是喜歡逃避責任，經常在做錯事之後一走了之、在出現問題時，將責任推到別人身上，千方百計地找藉口百般推脫，甚至他們永遠都可以找到一些理由——當然是客觀環境的理由，動機很簡單，逃避責任。

逃避責任是人性劣根性的直接表現。對逃避責任的人來說，他們從沒想到去克服困難，而是去找一隻替罪羔羊。

要贏得他人的尊重和好感，需要承擔自己行為的後果，要為自己的行為負責，而不是光踢椅子。

責任心，是每一個人的第一素養。牧羊犬如此珍貴，就是因為責任心。

行動即力量：向鱷魚學習果斷

立即行動是成功的第一步。

香儂・蘭德里是美國著名的動物學家，他曾有幸親眼看到白鷺和鱷魚演繹的「螳螂捕蟬，黃雀在後」的畫面。

一隻美麗的白鷺以為找到一個完美的捕魚地點，突然一隻鱷魚從水面下冒出來對其發動猛烈攻擊，白鷺始料不及，葬身在鱷魚的口中。

當時的情形是這樣的：

鱷魚將龐大的身軀掩藏在水中，靜靜地潛伏在那裡。這個時候，一隻白鷺為了爭奪這個完美的捕魚地點，趕走了之前在此捕獵的另一隻白鷺。而這隻鱷魚一直潛伏在沼澤的浮萍之下，當白鷺正在享受勝利的果實時，牠突然出現，並發動攻擊，將白鷺的腳銜在了嘴裡。從鱷魚對白鷺發動攻擊到將其整個吞食掉，整個過程僅僅15秒。

15秒之後，水面恢復了平靜，像什麼都沒有發生過一樣。

蘭德里解釋說，這隻鱷魚的強大攻擊力來自牠的突然襲擊——立即行動，毫無徵兆。

管理學家杜拉克經過對一百多位各行各業中的佼佼者研究發現，這些在各行業中首屈一指的成功人士都有一個共同的特點——辦事言出即行。

立即行動的能力，會取代智力、能力和社交能力，來決定你的薪資範圍和晉升速度。

儘管這個觀念很簡單，但能夠做到的卻總是少數——好比簡單的甩手臂這種事情，能夠長期堅持的只有柏拉圖（Plato）。

上篇　認識自我，改變自我

　　立即行動，也就是立即把思想付諸行動的習慣，這對完成事情來說是必不可少的。

　　無論做什麼工作，只停留在嘴上是不夠的，關鍵要落實在行動上。對一個從事藝術工作的人來說，若他不想讓任何一個想法溜掉，那麼當他產生了新的靈感時，他會立即把它記下來——即使是在行走，他也會這樣做。

　　但這並不是藝術家的專利。一個出色的員工就得應該有立即行動的習慣，像藝術家記錄自己的靈感一樣自然。如何能快速實現自己的職場目標，完成自己的工作，同時深受主管的喜歡，最好的辦法就是——掌握當下，立即完成現在的工作。

　　立即動手已經是現在的老闆衡量員工自信心和魄力的重點，也就是說，在這個瞬息萬變的資訊社會，只有立即動手的人才能夠抓住轉瞬即逝的機會，也只有立即動手的人才能夠很快地將自己的想法付諸行動。

　　英國歷史上偉大的首相邱吉爾（Winston Churchill）。任英國首相期間，他平均每天要工作 17 個小時，就連他的祕書團裡的十幾位祕書都忙得團團轉。

　　他一向是個重視政府機構工作效率的人，為此他還制定了一種體制，他替那些行動遲緩官員們的手杖上，貼上了一張「即日行動起來」的紙條。

　　結果，每天下來，工作不僅按時完成，而且還井然有序。

「即日行動起來」不僅是所有人的共同行動格言，也是在不同的領域有所建樹的重要條件。

《英國十大首富成功祕訣》曾風靡一時，其中在分析當代英國頂尖成功人士的時候指出：「如果將他們的成功歸因於深思熟慮的能力和高瞻遠矚的思想，那就失之片面了。他們真正的才能在於他們審時度勢然後付諸行動的速度。這才是他們最了不起的，這才是使他們出類拔萃、居於實業界最高職位的原因。」

什麼事一旦決定馬上就付諸實施是他們的共同本質，「現在就做，馬上行動」是他們的口頭禪。在思考與決定之後就應該勇敢地去做。立即動手是一個員工在公司中能夠得以表現突出的必備特質。只有立即動手的人才能夠抓住轉瞬即逝的機會，也只有立即動手的人才能夠很快地將自己的想法付諸行動。而將自己的想法付諸行動才能夠將想像的結果變為真正的現實。

一位著名美國時間效率專家曾經這樣評價：「面對任何任務，沒有不可能完成的，沒有特別可怕的，你需要的僅僅是開始動起來，這才是你最應該留意的。因為它將使你獲得先機與繼續行動的動力，而這樣的『僅僅動起來』也最終將帶領你走向成功。」

英國知名飲料集團公司的創始人這樣對他的傳記作者說：

上篇　認識自我，改變自我

「在我開始創業的時候，我從來沒有想過有什麼事情讓我害怕去做，我首先想的是如何趕快開始，趕快將自己的想法變為實際的行動，這樣我最終將獲得我想要的一切。」

有一位年輕畫家把自己的作品拿給大畫家柯洛（Corot）請教。柯洛指出了幾處他不滿意的地方。「謝謝您，」年輕畫家說，「明天我全部修改。」

柯洛激動地問：「為什麼要明天？你想明天才改嗎？對於一個年輕人來說，做什麼事都得把握眼前每一刻，容不得半點不踏實……」

在工作和生活中，每個人都會面臨很多困難，面對這些困難時，心裡肯定會閃出很多想法：害怕失敗，害怕經驗不足。

這些不應該作為藉口和理由。

失敗的理由各有各的不同，成功的理由卻是相同的——立即行動！

心理的缺陷讓人們在面對困難時，首先想到的是拖延，或者乾脆躲避，這些只能導致失敗。

你需要學會的是，在面對這一切的時候，拋棄一切恐懼和疑慮，立即動手去做。除了結果沒有任何其他的東西可以帶來真正的影響。過多的抱怨、害怕，不如將這樣的時間用在積極的行動上。立即動手正是去獲得結果的第一步。

在寒冷的冬天，如果你身邊別無他物，最好的取暖方式是

動起來,這是治療寒冷的最佳方法。

記住,想法很重要,但是它只有在被執行後才有價值。一個被付諸行動的普通想法,要比一打被你放著「改天再說」或「等待好時機」來得更有價值。

如果眼下你正有一個覺得很不錯的想法,那就為這個想法做點什麼吧。不行動起來,這個想法永遠不會被實現。

另外,立即行動能夠讓人建立自信。

失敗者有一個共同點:喜歡把一切交給明天。要知道,一粒種子在手裡老是晃來晃去,沒有機會播到泥土裡,讓它生根、開花、結果,結果便是種子失去了種子的價值。

直面逆境:拒絕因不幸而停滯不前

> 面對不幸,切勿自暴自棄,勇敢面對才是最正確的選擇。

我們需要明白:如果我們自己不倒下,沒有什麼能夠將我們擊倒!

麥可・喬丹(Michael Jordan)──NBA 的代表性人物,喬丹的自傳當中的一段話:

但我和他(指皮朋〔Scottie Pippen〕)之間存在著區別:他

上篇　認識自我，改變自我

是要後面有一群狼在追著自己才發動進攻，而我是任何時候任何位置（哪怕沒有追逐的狼群）都會發動進攻。其實這種區別是極大的，所帶來的威力的不同也是不言而喻的。

我經常能夠看見其他球員眼中的絲絲膽怯，尤其是在他們發現自己沒有完全把握實現事先許下的諾言之時。

這麼說吧，有位球員發誓要打好第二天的比賽，但一旦比賽開始，他的第一次投籃失敗時，你便可瞥見他眼睛裡流露出的代表著一絲膽怯的輕微迷惘，他不是及時清醒頭腦，並告訴自己：「沒關係，我會投中第二個球的！」取而代之的是負面的念頭，一個又一個地聚集起來了，直至堆成一面「恐懼牆」，最終再沒有機會重拾鬥志了。

而我，丟了一個球之後會怎樣呢？我以正向的心態接受這種結果，絕不讓一次失球影響整個晚上的比賽。我從不讓負面的念頭一點點堆積，這種時候我告訴自己：「都過去了，珍惜後面的機會！」然後，前面丟五個球，後頭我會投進 10 個，我總是讓自信貫穿比賽的始終。

一個沒投中，我不會擔心後面的一個球可能也投不中。還沒投，幹嘛就擔心投不中呢？其實，這種負面的思想往往會成為所有人（不僅僅是運動員）一次失足後重整旗鼓的羈絆。

其實生活又怎麼可能永遠一帆風順呢？我會努力爭取每一天都能獲得一點進步，我需要回顧昨天，感覺今天比昨天好就

足夠。一天一點進步,那一輩子該有多少的飛躍呀!

比賽當中最重要的是保持鎮靜,學會在熱鬧的氛圍中讓你的神經保持一份冷靜。當然偶爾你的情緒也會受比賽氣氛的影響,但關鍵是這時候你必須及時提醒自己,遏制這種消極念頭的擴張蔓延。

一名偉大球星的高明之處就在於,他能讓全場比賽始終合乎自己的節奏,而不至於整個晚上老在擔心「追趕」不上比賽。這恐怕也是「偉大球星」和「好球員」明顯的差別之一。

……

別緊張,放鬆些,別讓生活太難。我經常跟好朋友說起這些。學會以高境界的態度看待生活中的喜怒哀樂,這也不失為一種超脫。我認為,年輕的球員們更應學會「為現在而生活」,讓生活自然發展,遇見困難和挫折,別納悶,你就這麼大能耐,不必苛求生活中原本就子虛烏有的那份「完美」。

喬丹達到的高度,一直激勵著很多處於困境的人們。也經常有人寫信給他,暢談自己的不幸和悲傷,其中有很多人說:我實在是太不幸運了,就像是一個被幸運女神忽略的人,我只有準備自殺了。

然而,真的沒有辦法了嗎?事實上,這不過是他們甘心讓自己的不幸繼續下去罷了。

假如你的生活,你的處境,實在很不幸,實在難以維持下

上篇　認識自我，改變自我

去。你需要釋放，不要讓自身陷入不幸中，不然這將成為最大的不幸。

當不幸降臨時，世界還在前進著，如果我們讓自己的世界停滯不前，我們將會拖慢自己的速度，同時我們的不幸將會一直持續下去。因此，我們需要學會以高境界的態度看待生活中的喜怒哀樂，繼續上路。世界讓我們不幸，我們需要克服，如果我們自身讓自身沉淪在不幸中，這才是最大的不幸。

世界給我們的不幸也不完全是壞事，不幸也能成為一種動力。前面說過，人是地球上最懦弱，生活能力最差，身體結構最不合理的動物──沒有鯊魚一般銳利的牙齒，沒有獵豹一樣的速度，沒有鳥一樣的羽毛，不能在天上飛，不能在水底游，容易被疾病侵襲，溫度和氣壓稍微有變動，他就會生病。如果吃錯了東西，隨時都有可能喪命……

然而，奇怪的是，人是主宰這個世界的動物。因為這些激發了人類的潛能，讓人類以一種奮鬥者的姿態出現，擺脫一切。

不幸的環境促使我們採取行動，提高我們自身的素養，這將會提高人類的抵抗力，智慧也將因此而變得更加敏銳，進而讓我們最終擺脫不幸。

人生最大的不幸，並不是難以扭轉不幸，而是我們不能勇敢地面對所有的不幸。

庫伊絲很不幸，五歲的時候因為一次交通意外，她失去了一隻腳。從進入青春期以後，她感到的永遠是痛苦，她無法像其他女生一樣，穿漂亮的裙子，把自己打扮得花枝招展。

儘管她如此不幸，她卻不願意將自己與世隔絕。自從安裝義肢之後，她成為玩伴中最受歡迎的一個人。

二十歲的時候，她嫁給了一個紳士。然而，這個紳士卻好吃懶做，不務正業，甚至會對她家暴。面對如此的不幸，她沒有抱怨，而是努力塑造自己的丈夫。

十三年後，她的丈夫成為醫院裡最受歡迎的醫生。與此同時，她的丈夫有了外遇，和她離了婚。

面對親人朋友為她抱不平，她沒有抱怨，而是說：「不管未來他是誰的丈夫，但我是他第一任妻子。」

此後，她將自己投入到福利行業，用自己的愛心去拯救一個又一個的兒童，直到四十六歲。她安詳地躺在棺材裡。

她的葬禮是英國最偉大人物的葬禮，成群結隊的人們跟在她的後面，將她送到美麗的山穴墳地。

幸運女神不可能時時伴隨我們每一個人，因為上帝不會偏愛任何人。我們每個人都會歷經一些不幸，正如我們歷經許多喜樂一樣。

在受苦受難的不幸經歷裡，我們每個人都是平等的。當我們面對傷痛、失落、麻煩或苦難的時候，我們所承受的折磨都

是一樣的,這些都是人生必經的階段。

這些不幸的遭遇不是世界末日,只是上帝在打盹的時候,和我們開的一個小玩笑。

「上帝是仁慈的!在你面前關上一扇門的同時,會為你打開一扇窗戶。」另一扇窗戶有可能就是一條成功之路。在面對不幸的時候,不要怨天尤人,用堅強、抗爭、奮鬥走出逆境,這有可能成為我們一生中最大的財富。

記住奧斯特洛夫斯基(Ostrovsky)的一句話:人的生命,似洪水在奔流,不遇到島嶼、暗礁,難以激起美麗的浪花。

成為主角:別讓旁觀者的名字主導

人際溝通中,一定要有主見,這是成功者的必備特質。

在當前的社會上,有成千上萬的人像稻草人一樣活著,只因為當事情發展到關鍵環節時,便沒有了主見,人云亦云,因此錯過了一次次良機。

許多人在對事情做出選擇的時候,總是左顧右盼,沒有主見。胖人說胖了有好處,就不顧一切地長肉;瘦子說瘦了有好處,就不顧一切地減肥。沒有自己的主見,最後成了名副其實的複製品。

每天都有一次次的機遇，但都被損耗在缺乏主見上面。

心理學對缺乏主見的人是這樣定義的：

缺乏主見是人們內心缺乏滿足感和安全感，是個性缺陷上的一種本能保護。

尤其是人們口中經常談論的老實人，很多人喜歡老實人，而老實人卻偏偏是缺乏主見的。

標準的老實人，總是喜歡根據其他人──父母、親人、朋友的意志行事，根據他們的意志選擇從事的職業和生涯。

比如，「你應該做教師、公務員、司機、明星」，這是非常強而有力的意見，尤其是當別人努力改造並付諸實踐的時候，老實人就更難以拒絕。

我有個做律師的朋友，他說自己從小就被告知，將來要做律師。這是他父母口中常說的話，這也成為他在成長的過程中討好父母的唯一方法，並且所有的親戚也都期待他會選擇這條路。

後來朋友真的成了一名律師。

只是，他討厭法律圈，律師圈嚴肅的氛圍讓他感覺到窒息。他掙扎了好多年，終於覺得自己快發瘋了。

這個故事傳達著一個很重要的訊息：沒有主見的人，是無法做出讓自己感興趣的選擇的。

世界上充滿了這樣的人：沒有主見。所以不可多得的、願意服務他人的人會有很大的成就感，因為這樣的人幾乎沒有人願意站在他的角度思考，而是根據自己的意願被他人做了選擇和安排。

鋼鐵大王卡內基（Andrew Carnegie）的助理，在為卡內基處理日常事務期間，任何事都會徵求卡內基的意見，這是一個身為助理的工作信條。然而，事無巨細，大小事情一律要卡內基做決定。

助理的工作信條讓卡內基很無奈。

這天，助理從櫃檯那裡拿給卡內基五、六張聖誕賀卡，「這是一些公司給您的祝福語！」

卡內基說：如果收到的賀卡上面的祝福語一字不差，甚至連標點都一樣。在我眼裡，這些就是垃圾，占用了我的空間和時間，我會毫不猶豫地選擇扔掉。

助理覺得不可思議。

卡內基繼續說道：

一個缺乏主見的人，甚至連寫祝福語都要從別的地方抄過來，實在是浪費了一張美麗的聖誕賀卡。助理小姐，你說呢？

自此之後，很多小事情都由助理親自處理。卡內基也有了更多的時間去處理其他的事情了。

愛因斯坦（Albert Einstein）提出相對論之時，只有兩個人

能夠理解,而其他的科學家都以「荒謬」來評價。愛因斯坦的成功沒有得到人們的認可,他很鬱悶。

這天,他看到幾個孩子在玩紅磚頭磨成粉的遊戲,看誰能在最短的時間內將一塊磚頭磨成粉。

於是幾個孩子便聚集在一起相伴著磨。磨著磨著,其中一個孩子覺得不對,「我們這是幹嘛呢,這又乾渴又勞累的,費力磨它幹嘛?」

大家都覺得他說得沒錯。於是孩子們都停下來了,只剩下一個孩子還在堅持著。

儘管大家都在嘲笑他,但他依舊堅持不停地磨,過了很長時間,他終於把一塊磚頭磨完了。

這時,幾個孩子都不再嘲笑他了。

愛因斯坦想,到底是一種什麼樣的力量支撐著他實現了最初的目的呢?

原來這個孩子是個聾子。他當時只看到了所有人都開始行動,但當大家議論的時候他沒聽見,所以他以為大家都還在磨,於是就一個人在那裡不停地磨,最後只有他一個人成功了。

這個孩子聽不見他們的議論和嘲笑,也就是說,他沒有被群體的意見所左右。然而,假設這個孩子不是聾子,聽到別人的議論,那他還會冒著乾渴和勞累繼續磨嗎?在別人的嘲笑聲

上篇　認識自我，改變自我

裡他還能一如既往地堅持自己的目標嗎？

愛因斯坦堅持自己的相對論，成為 20 世紀最偉大的物理學家之一。

生活中，我們總是喜歡被別人所左右。作為一個具有正常思維的人，對他人對自己的評價當然不會漠然無視。有人曾經說過「我們謹言慎行就是不願意授人以柄。」

人際互動中，別人的議論、說法、觀點、態度等，都會對自己的心情和行為產生極大的影響。以賽場上的啦啦隊為例，啦啦隊的反應在一定程度上會影響到運動員的成績，至少會影響到運動員的士氣。別人的意見往往也是自己行為的鏡子，潛意識中，我們習慣在別人的目光中校對著自己人生座標。

然而，人生中自己才是真正的主角，別人只是旁觀者。比賽場上的記分牌只寫著參賽者的名字，旁觀者的姓名永遠爬不到競賽的計分板上。因此，當我們認準了目標，並決心要將目標付諸現實之時，就不能太在意旁人的說法和看法。若是習慣被別人的看法左右自己的行動，缺乏主見，可能永遠都是一事無成。

美國總統羅斯福在入主白宮之後，對著林肯的畫像，說：

一個人只有在找到自我的時候，才會明白自己為什麼會到這世界上來、要做些什麼事、以後又要到什麼地方去等問題。

這句話激勵著柯林頓，讓他在面對美國經濟危機時，沒有

慌亂，走出一條前所未有的新道路，他幫助美國走出嚴重的經濟危機，成為美國最優秀的總統之一。

綜觀成功人士，都有一個共同的特點：做人有主見，處事決斷。

有主見，需要建立在對客觀事物正確的判斷的基礎之上。有高度的人的主見才會是真知灼見，堅持正確的主見才會獲得被社會認可的成功。

要想成為一個真正的成功者，你必須先是個不盲從的人。

孤獨的智慧：在安靜中看到真實的自己

耐得住孤獨，真正認識自己。

動手寫這篇文章時，我打電話給我大學導師，請教他如何看待孤獨。他的回答：「所謂的價值連城的古董，埋藏在地下誰也想不到已有千年，出土後卻會有這麼多人出這麼高的價格購買它。」

這正是成功者所採取的辦法，但一般人卻剛好反其道而行之。

如果有人發現自己被埋藏在地下，他的大腦中的第一反應是放棄，並說：「我完了，我被這個世界遺忘了。我的運氣太

上篇　認識自我，改變自我

差了，一點機會都沒有了。」

於是在世界還沒有遺忘他之前，他已經把自己遺忘了，將自己放置到自我可憐的境地。

如果被埋藏在地下的是個聰明人，他會說：「上天給了我一個這麼好的升值的機會，我應該怎麼利用呢？怎樣做才能提高我的價值呢？怎麼樣用這種孤獨提高我的價值呢？」

美國一位已故的偉大行為心理學家，在研究人的行為心理時，宣稱，「我發現有一種不可思議的特性，是『習慣群居性的人類在獨居中能夠發揮強大的力量』。」

我接下來要敘述的故事，就是心理行為學家的「習慣群居性的人類在獨居中能夠發揮強大的力量」中的最直接的人。

1947 年，安迪酒醉後誤被指控用槍製造了一場謀殺，被判無期，這意味著他將在鯊堡監獄中度過餘生。

走進監獄的第一天，安迪就進入了一場賭局。獄友瑞德是鯊堡監獄中的「權威人物」，他打賭新來的囚犯安迪第一天晚上一定會哭泣，結果安迪的沉默使他輸掉了兩包菸。瑞德的奇妙之處就在於他有辦法弄到任何你想要的東西：香菸，糖果，酒，甚至是大麻，前提是你付得起錢。

一個監獄裡的囚犯為何會有如此的能耐呢？

進入監獄之後，安迪不和任何人接觸，在大家抱怨的同時，他卻並不在乎，整天無所事事，在院子裡很悠閒地散步。

一個月後，安迪請瑞德幫他弄一件東西是一把石錘，他的解釋是他想雕刻一些小東西以消磨時光，並說他自己想辦法逃過獄方的例行檢查。不久之後，瑞德就玩上了安迪雕刻的西洋棋。

一次，安迪無意間聽到監獄官在講關於稅收的事。安迪說他有辦法可以使監獄官合法地免去這一大筆稅金，作為交換，他為十幾個犯人朋友每人獲得了 3 瓶啤酒。喝著啤酒，瑞德說多年來，他又第一次感受到了自由的感覺。

安迪在進監獄之前，是一家銀行的行長，具備稅收方面的知識。

安迪的能力讓身處監獄的他聲名遠播，開始為越來越多的獄警處理稅務問題。與此同時，安迪也逐步成為鯊堡典獄長諾頓洗黑錢的關鍵人物。

此時，一個年輕犯人的到來打破了獄中平靜的生活：這個犯人告訴了安迪被冤枉的真相。但當安迪向典獄長提出要求上報這一情況以爭取重新審理此案時，卻斷然遭到了拒絕，並受到了單獨禁閉一個月的嚴重懲罰。原因居然是典獄長需要有人為他洗黑錢。

殘酷的現實讓安迪變得很孤獨……終於有一天，安迪成功越獄。

原來，安迪每天都在用那把小石錘挖洞，然後用海報將洞口遮住。同時，典獄長一直讓安迪為他做黑帳，洗錢，將他用

上篇　認識自我，改變自我

監獄的廉價勞動力賺來的黑錢一筆筆轉出去。

而安迪將這些黑錢全部寄放在一個叫史蒂芬的人名下，其實這個史蒂芬是安迪虛構出來的人物。安迪為史蒂芬做了駕照，身分證等各種證明，可謂天衣無縫。

安迪越獄後，用史蒂芬這個化名，以史蒂芬的身分領走了部分典獄長存的黑錢，用這筆不小的數目過上了不錯的生活。並告發了典獄長貪汙受賄的真相。

典獄長在自己存小費本的保險櫃裡見到的是安迪留下的一本聖經，扉頁上寫著：

典獄長，您說得對，救贖就在裡面。

聰明的典獄長看到裡邊挖空的部分正好可以放下小石錘時，猛然領悟到其實安迪一直都沒有屈服過。

這就是著名的電影《刺激1995》(The Shawshank Redemption)。一個在孤獨的環境中迸發出智慧的人。

人是群居性的動物，群居的生活是人類獲得快樂的基礎。但是孤獨的群居生活，就像是沒有鹽的食物，索然無味。因此，要獲得真正的快樂生活，就需要在群居活動和孤獨之間適當循環交替。

無論如何，孤獨要是值得的話，我們需要用相當的藝術去修練它。

孤獨是人生中難以擺脫的事情，總會在不經意間出現在我

們周圍。加上如今世界繁蕪複雜，繽紛多元，誘惑太多，耐得住孤獨對現代人來說就更是一種考驗。

沒有人喜歡孤獨，但每個人又不得不面對孤獨。在生活中，不可能每天每時每刻都有人圍繞在你的身邊，即使你的身邊任何時候都有人出現，但是你心靈的孤獨誰可以彌補？

其實，孤獨就像是清潔劑一般，可以洗滌人的心靈。迷茫的時候，在孤獨的環境中，你可以靜下心，認真地分析周圍的環境，能夠有助於你辨識方向，從而看清未來的路。

孤獨有的時候就好像是早晨雨後清新的空氣，能夠陶冶你的情操，孤獨的環境，能夠有助於你滋生智慧的光芒，能夠引導你走向理智的路線。

孤獨是磨練人意志的最無情時光，是展現人胸懷的最公平砝碼，孤獨是檢驗人品德的最好試金石。

孤獨是痛苦，孤獨也是快樂，孤獨讓人討厭，孤獨也招人喜歡，孤獨既醜惡，孤獨也美麗迷人！

因為只有耐得住孤獨的人，才是真正能夠成功的人，也只有禁得起誘惑的人，才是能夠走向成功的人。

「耐得住孤獨，禁得起誘惑」，實在是人生珍貴的箴言！這不僅是實現理想過程中必備的心理特質，更是一種堅定的信念與態度。

孤獨是內憂，誘惑是外擾；孤獨考察心境，誘惑考驗定

上篇　認識自我，改變自我

力。當然「耐得住孤獨，禁得起誘惑」，不是盲目的排斥，而是客觀的審視；不是消極的固守、不思進取，而是積極的展望，兌現承諾；不是滿足現狀的自慰和藉口，而是對完美和夢想的執著與追求。

在當前這個忙碌急躁的社會中，思索的快樂已經逐漸被我們忽略。我們需要的工作，或許只有在忙碌的工作才能換得安全感。如果害怕有一天因為身處孤獨而痛苦，那你則永遠地失去了思考的環境。失去了思考的環境，即使工作上再努力也是無用的。

哲學家尼采（Nietzsche）認為：「孤獨是在所難免的，優秀傑出的人，不會被孤獨所傷害，不會在孤獨中消沉，而是把生活調節得有滋有味。」

孤獨是上帝為你創造的思考的環境，讓你用心去觀察正在走或者即將行走的路，給你一個找到方向的機會。

只有那些善於運用孤獨的人才會找到方向，掌握住前行的大方向。因為，他懂得在孤獨中去默默地耕耘，用自己的良知和理性嚴格地塑造自己、鞭策自己和完善自己。

耐得住孤獨是一種智慧，忙碌的世界讓人的感情容易麻醉，麻醉的感情更需要我們耐得住孤獨。

《禮記》中說：「人生而靜，天之性也，感物而動，性之欲也。」可見感物而動是人的天性。孤獨久了，人容易感物而

動。因此，堅守孤獨，我們就會對生活中的得失和快樂有更深的感悟，對人生的領悟和理解有更大的昇華。

摒棄閒談：讓語言承載價值

> 不要閒談，真正高尚的人，是沒有興趣在背後議論別人的。

人們是很喜歡閒談的，一直都是。

因此，老話中有這麼一句警示語：靜坐常思自己過，閒談莫論他人非。反映了人們明哲保身的處世之道。

閒話少說，我來舉一個例子：

下班了，幾個人高高興興地往外走，渾身充斥著一種自由的感覺。

突然一陣腳步從身後傳出來，「你們知道嗎？我們的主任有狐臭。冬天聞不到，夏天的時候就使勁往身上噴香水，可還是遮不住狐臭味，可難聞了！」她透了一口氣，津津有味地談論著。原來她剛剛聽說，主任身上有狐臭味。她急匆匆地跑過來要告訴我們的「重要消息」居然就是這麼一件事。說完之後，她以一種特有的優越感看著我們，似乎這是一個事關重大的消息。

上篇　認識自我，改變自我

另外一個人接著說道：「怪不得她的身上總是香香的，原來是為了遮住難聞的狐臭味。」

另外一個同事說：「這樣在背後議論別人是非是不是有點不厚道？」

幾個聲音同時說道，「哈！你還真是君子啊……」

聲音尖酸而刻薄。

看看，這就是人性的劣根性，人多並不一定反映民主，還有可能是合起夥來作案。

穿過幽靜的小徑，再往下走，就是國王生前居住的寢宮。

哈迪達諾抿著嘴，越走越快。

「哈迪達諾，你現在是越來越受蒙特羅的器重了。」

「是啊，大皇子是我埃及的儲君，他繼位了你一定跟著沾光不少。」

「國王的幾個皇子中最出類拔萃的就是大皇子，狄斯皇子和辛提卡納皇子和他相比都算不了什麼。」

「狄斯？呵呵，他連埃及皇子的服飾都不想要，成天穿著平民的衣服在王宮裡晃來晃去，真是有些好笑。」

「噓！哈達迪諾，可別那麼說！狄斯殿下好歹也是皇子！」

「怕什麼？我說的都是實話！國王曾經告訴過我一些關於

他的事,其實平民的衣服還挺適合他的,比他那身皇子的長袍適合多了⋯⋯」

「住口!」國王終於怒不可遏地吼了起來。他本無意留心侍衛們的閒談,可是聽到了狄斯的名字,他忍無可忍地衝了出來。

於是,國王用盡了生平最後一個咒語:誰干擾了法老的安寧,死神之翼將降臨在他頭上。

從此,再也沒有人敢在法老的墳墓前閒談。

語言溝通是人類生存的最重要工具。為了生存,人們需要彼此傳達感情,使身心獲得生存的條件。人是群居性的動物,會有孤獨、害怕等負面感情,需要透過與人交談、交換意見,而談話就是最好的消除負面情緒的方式。

心理學研究發現,與人交談的過程中,天氣、運動、遊戲、政治等方面的問題,在這種談話中,我們並不能得到多大的教益和知識。但是,如果談論的是一些毫無根據、不著邊際的話題,則會極大地刺激到人的大腦中的一些「邊緣」神經。神經的刺激下,大腦的神經細胞既能傳導興奮,又能合成分泌激素。

因此,從人性的角度,我們必須承認,閒談有著刺激神經系統的好處。

然而,閒談屬於人性的劣根性,畢竟屬於一種負面的習

上篇　認識自我，改變自我

性，必須避免。

　　閒談的特徵非常明顯，不問事實，不去調查，不加考慮，多表現為添油加醋。這種閒談的出發點是怯弱的、妒忌的、虛偽的，不問事實的準確與否，就此捕風捉影，搬弄是非，破壞別人的名譽，以獲得自己比別人優越的快樂。

　　這種卑劣的行徑，實在是再可憐不過了。

　　天臺宗的祖師智者大師在即將圓寂的時候，召集所有的弟子，最後一次講解佛法。

　　弟子問道：「師父，您去世之後，會在哪裡轉世？我們又該拜誰為師？」

　　智者大師回答說：「如果不能磨練自己的善根，只聽別人說功德，又有什麼用呢？這就像盲人問牛奶是什麼顏色一樣，不如先喝了牛奶更實在。重要的是，從今以後要培養自己的善根！」

　　文藝復興時期的畫家拉斐爾（Raphael）說：「一個聰明的人，知道如何提出正確的問題，並且仔細地聆聽，慎重地答覆。當無話可說時，就立刻閉上嘴巴，不再東拉西扯。」

　　「閒談莫論人非，靜坐常思己過」的處世格言，目的就在於想要告誡人們，不要去說三道四，要在適當的時候保持沉默。

　　釋尊在世的時候，周圍的人常喜歡說些無謂的話。弟子在修行時，也常聊些雜事。有一天，釋尊對這些弟子說：「比丘

們，你們要徹底地學會兩件事，一是要說有意義的話，二是要適度地保持沉默。」

在為人處世的時候，要遵守說話的規矩，說話要慎重，不該說的話就不要說，該說的話要當面說出來。一個人對自己平日所說的話，要有隨時勇於負責的決心。古人以「禍從口出」來勸誡我們，可是現代的人卻「信口開河」，造成他人的困惑。

閒談中的廢話是最直接的噪音，如果噪音傳播出去，則會變成公害，這裡的閒談就是一種口害了。瑞士哲學家馬克斯・皮卡德（Max Picard）在《沉默的世界》（*The World of Silence*）一書中也提到：「話來自沉默，也回至沉默中；噪音來自噪音，又回到噪音中。」噪音就像流水，永無休止。

生活中，和喜歡閒談的人要保持距離，因為喜歡跟你閒談的人，也會說你的閒話，讓你陷入麻煩的境地。

閒談是為了滿足一種虛榮心理，要達到這個目的，只有兩種方式，一種是積極地訓練自己，掌握一種特長。用這種特長再服務他人，身心得到愉悅感；另外一種方式是透過閒談別人，獲得一種控制和改變別人的優越感，滿足自己的虛榮心。

喜歡閒談的人，要與之保持警戒。人們講究禮尚往來，如果別人和你說一件別人的私事，出於回禮，你會在不由自主之中將自己知道的事情告知別人，這樣的話你就大錯特錯，唯一要做的不僅是緊緊地閉住自己的嘴巴。其次還要將別人和你閒

談的事情,盡快忘掉,如果記在心裡,只會徒增你的煩惱。

人總是為一些小事煩惱,為此,他們浪費了很多不可能再補回來的時間。不要這樣,把時間用在值得做的行動和感覺上,去做應該做的事情。

為誠信除塵:守護難能可貴的品格

> 克服眼前利益的困擾,做個誠信的人。

誠信,是人類最美好的品德之一。

美國石油大亨洛克斐勒(Rockefeller)說:誠信是公民的第二個「ID」,憑藉此「ID」,可以走遍世界的任何一個角落而且暢行無阻。

一個堅守誠信的人,他懂得在廣闊的世界裡,在複雜的社會中,自己的能力和頭腦實在太簡單,太渺小了,不可能去解決人世間的一切問題。面對一些力所不能及的問題,需要藉助一種無形的氣場,用無形的氣場去解決所有的問題。這種無形的氣場就是人人都具有的──誠信。

從洛克斐勒投資石油開始,誠信成了他留給商業合作夥伴的唯一標籤。

誠信意識讓洛克斐勒累積起良好的信譽,這種信譽為他帶

來的利益無法估算。19歲時，他下海經商，銷售穀物和肉類。從這時起，洛克斐勒的帳本裡除了記錄商業金錢之外，未有誠信。洛克斐勒進入石油業，經過二十年的累積，於西元1870年建立標準石油公司。

藉助良好的誠信，他成為石油界中的龍頭人物。

誠信是一種社會賦予的責任，只有付出相應的努力，積極兌現自己的諾言，才能在贏得自身發展的同時，贏得社會的認可。

孔子說：人而無信，不知其可也。意思就是說，一個人如果沒有了誠信，怎麼能在社會上立足呢？

誠信是一種傳統美德。

然而，在當今社會競爭日益殘酷的職場環境中，金錢和權力越來越顯得重要。人性的劣根性暴露無遺，在金錢與權力的誘惑下，人性的天平發生了傾斜，誠信被毀之殆盡，人們紛紛拋棄誠信，去奮力追逐一個又一個的金錢和權力。尤其是當今社會，誠信已經越來越淡薄了。

西方經濟學家孟岱爾（Mundell）甚至呼籲：目前已經進入「信用經濟時代」，想發展經濟，先發展誠信吧！

由於誠信並不是直接物質，無法獲得立竿見影的效果，立刻為人帶來收益。

如果說能力是一個人的實力，誠信則是一個人不可或缺的

軟實力。實力能帶給人發展平臺，軟實力則能夠為人帶來發展的機遇。

然而，真正的誠信是很難的，因為誠信能夠產生一種寶貴的東西，於是就有許多假的來冒充，從而使人世間發生了許多不幸和煩惱。

這種假冒的是什麼呢？

短期效益。

現在，從人性的角度來探索這種假冒的發生和結果。

古埃及有句諺語，「沒有人會守護一個滿臉愁容的女孩」，這是最早的無意識的心理學。他們抨擊這些為滿臉愁容的女孩守護的人，希望這些人在人間消失。然而，他們失敗了。沒有人願意滿臉愁容，願意守護女孩的人，用自己的愛喚來了女孩的笑容，喚來笑容的同時，也喚來了女孩的芳心。

這裡，守護「滿臉愁容的女孩」的人，就像是在守護著誠信，儘管無法換來其他女孩的青睞，卻能夠將女孩的愁容驅趕走，換來美麗的笑容。

人性總是容易被發出香味的菜餚所吸引，忽略同樣能夠帶來美味菜餚的原材料。發出香味的菜餚就好比是眼前的利益，原材料需要經過烹飪才能變成美味的菜餚。誠信就好比是原材料，想變成美味的菜餚，需要漫長的等待，不如現成的菜餚來得實在。然而，正是這種實在，讓很多人拋棄了誠信，變得虛偽。

然而，真正美味可口的東西，如果能夠自己親手烹飪出來，味道會更好。

世界上沒有一個人，誠信到無法帶給自己效益的程度。

我們需要明白：誠信是與別人合作最好的名片，可以為你帶來權力與金錢換不來的東西——名譽。

誠信是「金」，也就說我們「言而有信，一諾千金」。人際溝通中，我們要內誠於己，外信於人。誠信是個人發展的根本。

我們不誠信一時，還心存僥倖心理，只要被識破，結果就是我們無法再立足於社會。我們要誠實守信，要實事求是。從誠信出發，在利益面前，堅守誠信。

尤其是當今誠信缺失的社會，需要重新拾起誠信，替蒙上灰塵的誠信世界拍拍土，堅持誠信為本，驅走身邊的迷霧和障礙。

適者生存：蜥蜴的生存哲學

> 選擇適應而不是強大，才是長久立世之本。

無論什麼時間，無論什麼地方，人總是要爭權奪利的，所以，每個人都崇拜強者。

上篇　認識自我，改變自我

人們崇拜強者，是因為強者具有強大的能力，甚至有改變一切的能力。事實都是這樣的嗎？

傑克・威爾許（Jack Welch）說：這個世界不屬於弱者，也不屬於強者，屬於最懂得適應的人。

道瓊工業指數從西元 1896 年創立以來，榜上企業的名稱換了一個又一個，但 GE（奇異公司）是唯一一家至今仍榜上有名的企業。而這一切，都歸功於 GE 總裁傑克・威爾許的功勞，他的許多管理理念和實際管理操作方法為人們紛紛仿效。

傑克・威爾許被譽為全美第一 CEO，自 1981 年他接手奇異公司第 8 任總裁以來，到 1998 年，GE 各項主要指標都保持著兩位數的成長。在此期間，GE 的年收益從 250 億美元成長到 1,005 億美元，淨利潤從 15 億美元上升為 93 億美元，而員工則從 40 萬人削減至 30 萬人。到 1998 年底，GE 的市場價值超過了 2,800 億美元，已連續多年名列「Fortune 500」前面排名。

一直以來，儘管其他許多公司在嚴峻的全球經濟形式中像西洋骨牌一樣紛紛倒下，它們的管理層人員也像走馬燈似地頻繁變換，可是威爾許始終領導著奇異公司，並創造了收入和收益的一個又一個奇蹟。

威爾許的成功密碼是什麼呢？

強大並不是立於不敗之地的必需條件，只有不斷適應才是

立於不敗之地的關鍵。

GE 長久立於不敗之地，並非是因為其處於一個朝陽產業，而在於其適時應變、充分地掌握自己的命運。因為只有變，才能應付各式各樣的風險，成功地避免許多不利因素。

老子的《道德經》：上善若水，水善利萬物而不爭……

這是人生追求的另一境界，無形無色，與人溝通左右逢源、遊刃有餘。

水，柔而不弱，水的形狀可方可圓，根據生存環境所定。水是剛強的，擁有驚人的能量，可以排山倒海，滴水穿石，水是世界上最容易生存的東西，因為它的適應性極強。

演化論提出者達爾文（Charles Darwin）說過這樣的話：

這個世界不屬於強者，強者太強，槍打出頭鳥；也不屬於弱者，弱者太弱，弱不禁風；而是屬於適者，因為他們最懂得適應，適者生存。

世界上最聰明的人是猶太人，在猶太人的觀念中，他們從來不會做最強者，只會做最適合生存的人。猶太人的觀念中，人要想生存，就要像水一樣，去適應這個世界，去適應生存的環境。放在器皿裡的水，器皿是什麼形狀，水就是什麼形狀。放在方形的箱子裡，水的形狀就是方的，隨勢而變，不拘一格。

在為人處世中，年輕人也必須學會像水一樣，磨掉身上的

105

稜角,善於隨著周圍的環境改變而改變,隨行就市,不斷地根據環境的變化調整自己,改變自己,使自己能夠適應周圍的生存環境,這樣才能在競爭中處於不敗之地。

美國是世界上最強大的國家,它向來沒有世襲的「權力」,充分民主。所以,從二戰到至今,美國的世界地位依舊無法動搖。

然而,經濟危機卻撼動了美國強大的經濟地位,讓美國政府與公民不得不節衣縮食。

美國歷史上第37位總統理查・尼克森(Richard Nixon)說:

「強大最初只不過是人們獲取『權力』的一種工具而已,後來人們更是認為,強大本身就是掌權者了——擁有社會地位、名譽、榮譽等等。然而,強大並不是一切,它只是你身體臃腫,行動緩慢的前奏而已。」

達爾文說過:「應變力也是戰鬥力,而且是重要的戰鬥力。得以生存的不是最強大或最聰明的物種,而是最善變的物種。」

美國經濟學家保羅・薩繆森(Paul Samuelson)說:「千規律,萬規律,經濟規律僅一條——適者生存。」

在生活中,如果你很強大,也要學著去適應社會的變化,如果一味地依靠強大自居,最終難以擺脫失敗的命運。強大的人容易招來周圍人的嫉妒,所謂「樹大招風」,就是這個道理。

在億萬年前,恐龍是這個世界上最強大的生存者,但是如

今卻在這個地球上消失了；而當時烏龜和蜥蜴都很弱小，卻頑強地生存下來。因為烏龜和蜥蜴是最能適應各種環境的高手，在面對各式各樣的環境時，身體結構也能隨之做出最適應的改變。這個物種可以生活於海洋、棲息於樹上、遊玩在沙漠、潛藏在地底，甚至能夠飛翔於空中。

一位亞洲球星在剛剛進入 NBA 時，極不適應 NBA 的籃球規則和快節奏的戰術打法，但是，他沒有選擇回國，而是選擇去適應。

經過艱苦的努力，他成為國際上最有影響力的中鋒，他說：「適應也是一種戰鬥力，而且是重要的戰鬥力。想要在 NBA 生存和發展，你必須學會適應。」

很多人的眼中，只看到強大，讓自己變得越來越強大，成為首屈一指的 NO.1。殊不知，在渴求強大的時候，飢渴的面容和貪婪的眼神是如何卑賤和可怕啊！

想立於不敗之地，切記：強大並不是萬能、並不是一切，它只是用來達到目的的一種形式而已。若你只想著強大，而放棄適應，那麼當強大成為你的努力目標後，恐怕連你的生活，甚至你的生命也保不住了。

上篇　認識自我，改變自我

樂趣與工作：不僅僅是養家餬口的工具

無論任何人，都應該以正確的心態對待自己的工作。

德國人的工作是最讓人羨慕的。

德國人的嚴謹是世界聞名的，德國人的工作方式和生活規律讓人羨慕。相對於亞洲的挑燈夜戰和廢寢忘食、加班加時的現象，在德國人身上是從來不存在的。然而，人們如此努力，卻在學術、技術差距方面卻越拉越大？究竟是輸在哪裡了呢？

德國人的工作時的「小動作」──從不在疲憊時工作，往往以最旺盛的精力投入到工作中。熱情、精力、時效等這些不為人們注意的「小動作」在德國隨處可見，正因為這些細節無形中幫助德國造就了今天的世界地位：它是歐洲重要的國際金融中心，是歐洲商業和製造業的中心，是國家展覽中心和國際會議中心，每年至少有 5 萬個會議在這裡召開。

德國人工作時精神愉快，每一小時的工作都有一個小時的滿意，不妄求盡善盡美。德國人知道天下沒有人能夠達到至善的目標，可是每天依舊愉悅地、勤奮地工作，他知道儘管達不到至善，但會距離至善的目標越來越近。在工作中培養自信心、責任心，時時刻刻追求新發展。

德國人正是因為對工作產生這樣的興趣，生活才變得有價值，有意義，這是加班、疲勞夜戰所達不到的境界。

然而，一些國家的人對待工作更多的是一種無奈的神情，對工作抱著一種食之無味、棄之又不捨的態度，將工作放在「雞肋」的位置上。很少有人將工作視為自己為之奮鬥的事業，僅僅把工作當成飯碗，工作就是為了吃飯！

卡內基在演講中，這樣說道：

工作有兩種，低階的工作和高階工作！低階的工作——它僅僅是我們獲得生活來源的社會活動；但如果我們要實現人生的目標就要選擇從事高階工作。高階的工作——指個人所從事的具有一定目標、規模和系統的，對社會發展有影響的經常性活動。低階的工作是階段性的，而高階的工作卻是終生的。

高階的工作並非是高薪、先進的行業。工作的高階與低階，完全並且只取決於你的態度。

無數的事實告誡我們，不同工作態度的人，一定會得到不同的未來！你把工作視為珍寶，工作也會回饋給你同樣珍貴的明天；你把工作視為雞肋，工作自然也只會給你渾渾噩噩的每一天！因為懷著「高階工作態度」的人則總是力求完美，努力做到最好，而那些懷著「低階工作態度」的人則總是敷衍了事，是出於無奈不得已而為之。

鋼鐵大王安德魯・卡內基的名字人人皆知，卻很少有人知道安德里亞。卡內基在自傳中說道：

上篇 認識自我，改變自我

　　安德里亞對待工作，就像兒時玩遊戲一樣。他的工作態度和方法，讓我懷疑，兒童時代的安德里亞，最早產生的欲望就是工作。很多時候，兒時的欲望指示著人的前進方向，從中可以知道一個人所喜歡做的是什麼。

　　安德里亞就是這樣，兒時的欲望儼然就是工作，有益於社會和自己的工作，不管多大的艱難，他都會一直堅持做下去，最終解決、克服一個個難題。

　　安德里亞出身於貧困窮苦的家庭，很早就輟學了，靠做些零工維持生活。

　　退學之後，他像其他沒辦法念書的孩子一樣在山村做了馬夫。在別人的看來，這簡直是為了生計不得已而為之的苦差事，每天休息的時候神采奕奕，工作的時候卻愁眉不展，一副心不甘情不願的樣子。

　　但是安德里亞並沒有灰心喪氣，更沒有自暴自棄，他堅信只要把工作當成一種事業來對待，勤勉做事，學好本事，就不怕沒有出頭之日。

　　三年後的一天，卡內基名下的一個建築工地招工，安德里亞一行幾十個人興奮地前去應徵，最終，他憑藉幾年的辛勤累積和優異能力，被建築工地聘用。

　　但是，這對於建築經驗甚少的安德里亞仍然是相當大的挑戰，此時他又一次暗暗地告訴自己：一定要做優秀的員工，把

工作視為自己的理想和事業！

就這樣，在其他人總是庸庸碌碌上班下班、抱怨薪資太低甚至消極怠工的時候，安德里亞卻在勤奮地工作，認真地做事，默默地累積著工作經驗。此外，他還利用業餘時間自學建築知識，還廣泛涉獵一些歷史、地理等知識來充實自己。

一天晚上，工人們都在閒聊，唯獨安德里亞坐在角落裡看關於管理方面的書籍。

恰巧碰到公司的一個主管到工地檢查工作，當主管看到安德里亞正在看書時，好奇地翻開他的筆記本，看了看，問：「你工作那麼辛苦，為何還要讀這些與工作無關的書呢？」

安德里亞說：「我並不覺得工作辛苦，反而我每一天的工作都是為了明天打基礎，所以我從內心是非常願意工作的。至於看這些書是因為我們公司並不缺少能幹的人，但那些既有工作經驗、又有專業知識的技術人員或管理人員卻十分緊缺，我看這類書就是希望自己朝著更高的方向努力。」

主管聽到後十分高興，不僅記下了這個年輕人的名字，還記下了他的努力與好心態。

不久，安德里亞就被升任為技師。他把這種勤奮、主動工作、熱愛工作的熱情貫穿到了每一天的職業生涯，最終成為卡內基的得力助手。

那個視察工地的主管就是卡內基。

上篇　認識自我，改變自我

　　安德里亞靠的是不是運氣，而是實力。而這種實力，並不是天賦異稟的特異功能，而是一步一個腳印、用汗水和對工作的熱愛換取的。不管是什麼工作，他從沒有馬虎對待過，他從工作的第一天起，就沒有把工作當成養家餬口的工具，而是把它視為自己的事業和前途，甚至把它們當成使命。他關心公司的發展，認真做好每一件事，終於一步步走向了成功。

　　現實中，很多人都認為自己的工作是被僱用的勞動力，或者是「一分價錢一分貨」的商品。工作的過程相當於把自己的體力與智力出賣的過程，這樣的工作當然提不起任何興趣，整日為了「雞肋」工作，心靈上既不能充滿動力，也不會收穫成功的喜悅！因而很多人常有不平之感，也時常牢騷滿腹，最終一事無成，更別說擁有自己的事業。

　　如果把工作當成一份你熱愛的事業來經營，不摻雜任何藉口和不平，投入自己的熱情和勤勞，與公司共榮辱、共命運，在主動完成公司任務的同時提升自己的能力和素養，任何的老闆都不會無端對你喝斥的，反而會把你當成公司員工的榜樣、視你為公司的支柱。

　　因為老闆們自然都是明智的，他們最希望的就是聘用富有才學並且熱愛工作的員工，而且他們所有加薪、晉升的行動都是要根據觀察員工的具體的行為後再來判斷的。

　　那些在工作中能盡職盡責、堅持不懈的人，最終都會有獲

得晉升的一天,當然薪水自然會隨之提高。相反那些刻板完成工作、庸碌上下班、只把工作當成「雞肋」,恐怕永遠都沒有升職的機會。

不甘願的工作也能交換薪水,但賦予熱情的事業才能創造價值;工作可能很辛苦,但事業一定很快樂。一個人要在激烈的競爭中占有一席之地,卻把工作當「雞肋」一般經營,是不可能有所作為的。

「貧窮,不是上帝的意願」,總有一種辦法可以有效地去補救,除非他自己不想補救,對那些只為麵包而工作的人,同樣可以透過尋找其他嗜好的副業來補救。

從今天起,不要再把工作僅僅當成養家餬口的工具了,要從人生目標的高度來對待目前的工作,並把它當成一種畢生的事業來經營,那麼你不久就會成為一個優秀的員工,更長的時間後,你會發現事業的道路也悄悄變得寬敞了。

純粹與妥協:魚兒為何不能留在清水中?

我們要廣交朋友,同時凡事不要太較真。

大家對於喜歡較真的人怎麼看?

我說個例子:一個朋友,擅長寫一些青春愛情類的催淚文

上篇　認識自我，改變自我

章，部落格上聚集著一批粉絲。

這天，他在網購平臺購買了一個掛墜之類的小物品。交易完成後，要給個評價。朋友覺得整體交易沒什麼特別，不好也不壞，於是他就給了賣家一個中等評價，因為他覺得好評必須是自己感到特別開心特別滿足的情況下才能給。

沒想到，這個中等評價惹怒了賣家，賣家抓狂了。先與他透過網購平臺聯絡，隨後是簡訊，緊接著是電話。

賣家的意思是你既然沒什麼不滿意的，就是好評，為什麼要給中等評價呢？要求對評價進行修改。朋友的意思是我也不是特別滿意，那就應該不好不壞給中等評價。

兩個都是較真的人，為此進行了五、六次的爭論。結果，兩人就僵持了，然後發展為賣家開始恐嚇、責備，我的朋友怒了，徹底地怒了，覺得自己站在真理的一邊。

於是就在部落格上將這件事情寫了出去，並將這個網購賣場的網址連結放在部落格上。

這引起了那堆粉絲的圍觀，轉而將憤怒的矛頭指向了那個賣場。幾天之後，那個賣場的評價上多了幾十個負評。

我想他的賣場是很難能夠進行下去了。

先不管什麼樣的評價，就這個較真的勁，就不應該。在網購平臺上，根據常規意義，不好不壞確實應該就是中等評價。

一個網購賣場，有幾個中等評價不會影響生意，但多了幾

十個負評，效果就可想而知了。

何必較真呢？

再來說一個笑話，如果你聽過的話，千萬不要較真啊。

在一個王國裡面，國王為了刺激畜牧業的發展，向全國頒布一道命令：一個村落如每人食用牛肉或者羊肉一碗，就可免一年的賦稅。

大家聽了很高興，除了一個叫香火村的村民，因為那裡住著一個小和尚。

很多村民都在勸說和尚，你就吃一次肉吧，你吃了我們幾百口人一年的賦稅就可以免了，那可是一大筆錢，出家人以慈悲為善，就吃一次吧，又不會死人。

小和尚不吃，大夥又說，你吃一口，我們拿一部分錢幫你修個廟，這樣你可以發展更多的信徒。小和尚還是不吃。

結果，憤怒的村民把小和尚趕出了村子。

小和尚非常不解，找老和尚說理，老和尚說：何必較真呢，一碗肉而已。酒肉穿腸過，佛祖心中留。

生活中，不能玩世不恭、遊戲人生，但也不能太較真，不知變通。

在一家動物園裡，一位飼養員特別愛乾淨，對動物也特別有愛心。

上篇　認識自我，改變自我

為了讓小動物住得舒服，他每天都會把小動物住的籠子清理得乾乾淨淨，以往那些一片髒亂、散發出異味的情況消失了。

結果呢？

面對乾淨的居住環境，小動物一點也不領他的情，在乾淨舒適的環境裡，動物們開始慢慢萎靡不振了，有的厭食消瘦，有的生病拒食，有的甚至死了。

原來，小動物都有自己的生活習性，有的喜歡聞混濁的空氣，有的看到自己的糞便反而感到安全等等。

這個飼養員真是得不償失。

人性本善，人對順著自己的事物不會產生戒備，但對與人性相衝突的部分，會表現出強烈的排斥感，甚至是強烈的毀滅欲望，這是人性的一大缺陷。

在人際溝通中，要避免這種人性缺陷。

一面光滑如水的鏡子，在高倍放大鏡下，也會顯出凹凸不平；肉眼看上去很乾淨的東西，拿到顯微鏡下，周身都是可怕的細菌。試想，如果我們每天都戴著放大鏡、顯微鏡生活、學習，恐怕連飯都不敢吃了；而如果再用放大鏡去看別人的毛病，恐怕對方要株連九族了。

哲學家尼采說：走在大街上，聽到背後傳來罵聲，我連頭都不回，因為我根本不想知道是誰在罵，是在罵誰。人生如此

短暫和寶貴，要做的事情太多，何必為這種令人不愉快的事情浪費時間呢？

尼采的心胸是常人無法比的，知道該做什麼和不該做什麼，知道什麼事情應該認真，什麼事情可以不屑一顧。要真正做到這一點是很不容易的，首先就需要面對和解決人性的缺陷。

人際溝通中，不會出現任何情況都讓人滿意，這時，要遵循求大同存小異的心態，這樣才能左右逢源；相反，如果凡事明察秋毫，眼裡揉不下沙子，雞毛蒜皮的小事都要論個是非曲直，容不得人，恐怕對方也會躲自己遠遠的。

有一對新婚夫妻，整天都會為一些小事爭吵，爭吵的結果是兩個人感情越來越淡，婚姻面臨著解體的危險。

後來，他們為了挽回自己處於危機的婚姻，相約做一次浪漫之旅，如果能找回感覺就繼續生活，否則就友好分手。

他們選擇進行一次鄉村之旅。在一個村子口，他們看到一個老人用一個籮筐篩選豆子，把豆子倒在上面，小的豆子會掉下去，大的豆子會留在上面，做豆種。

這對夫妻問：掉到下面去的一些豆子也可以做豆種的。

這位老人說：不用分得那麼細，現在是農忙時節，我每天要篩選三百公斤豆種，如果太較真的話，恐怕我一天連十公斤豆子都選不出來。

這對年輕的夫妻瞬間明白了,生活應該多一些寬容,多一些諒解,凡事太較真,結局只能是讓自己成為孤家寡人。

「水至清則無魚,人至察則無徒」,何必較真呢?

溝通交際中,我們需要明確有些事情不需要太較真,敷衍了事,就能騰出時間和精力,全力以赴認真地去做該做的事,我們成功的機會和希望就會大大增加。與此同時,由於我們變得寬宏大量,人們就會樂於跟我們來往,我們的朋友就會越來越多。事業的成功伴隨著社交的成功,應該是人生的一大幸事。

下篇
認識他人，與他人互動

尊重別人的意見，切勿直接對對方說：「你錯了！」

做人要懂得如欲取之，必先予之的道理，以友善的方式開始對待你的朋友。

想看到臉上的黑痣，你需要站在對方的立場上；想了解別人的內心，你需要和別人站在一起。

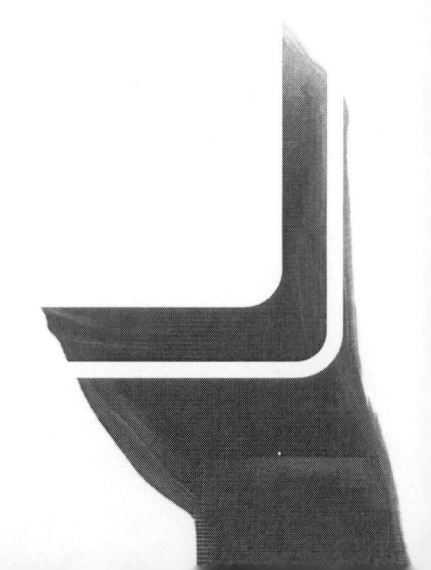

下篇　認識他人，與他人互動

鋪墊關係：理髮師的肥皂水啟示

> 人性中的黑暗點，決定我們改變他人必須採用這種方法 —— 從稱讚及欣賞開始。

在創業初期，我經常到工商行政機關、銀行等機構為公司奔波忙碌。特別是在工商行政機關，替我辦事的服務人員，因為一整天面對太多瑣碎的事情，態度都不是很好，辦事效率很差，辦一張營業執照，都要跑好幾次。

這次，按照約定的時間，我再次光臨了機關的服務窗口，看到了那個熟悉的面孔（此前已經解除了三次）。我問：「小姐，你在這做多久了？」她用疑惑的口氣說：「做了4年了，有什麼問題嗎？」一開始她顯出一副很不耐煩的樣子，我對她說了一句話，我說：「今天我有一個重大的發現 —— 這個機構裡面，我發現你是工作最認真、長得最漂亮的女員工。」

當我說完這句話，我發現她的眼神立刻變得非常有精神。隨即，她很高興地跟我說：「你太客氣了。」

短短五分鐘，幫我辦完了所有的手續，並承諾關於稅務方面的問題，可以聯絡她的一個同學。

在她的引薦下，到稅務局辦理事情非常順利。

人性中，很多人都是很吝嗇稱讚別人的，所以大部分人也聽不到對自己稱讚的話。假如你經常和別人說：「你今天看

起來真漂亮！」、「你看起來紅光滿面！」這樣會讓別人非常非常喜歡你的。

這種方法似乎太明顯了點，但所用的心理學原理卻是很巧妙的。

女人不會拒絕甜言蜜語，因為出發點是你的稱讚和欣賞。

理髮師在替人修面之前，總是先塗肥皂水。這樣不僅能夠順利完成修面任務，還能夠引起客人在生理和心理上的留戀。

對男人而言，修面並不是一件簡單的事情，甚至被很多人認為是一種負擔。就好比女人的月經一樣，光臨的時候煩心，不光臨的時候擔心。

但理髮師卻能夠輕鬆解決男人的修面問題，塗上肥皂水會發揮潤滑的作用，簡單的肥皂水能夠讓男人煩心的事情變成一個享受的過程。

當聽到別人對自己的優點的稱讚以後，再去聽一些逆耳的話，會樂意接受原本牴觸的話。如果想說服他人，應該首先從由衷地稱讚和真誠地欣賞開始。

一個做家具生意的朋友跟我說了這樣一件事：

他的一個業務員在為個人介紹業務的過程中，將柞木與榆木材質的辦公用品的報價給弄錯了，直到簽訂合約、拿到預付款才知道。柞木與榆木的價格，一方相差千元左右，這意味著朋友要損失一筆不少的錢。

下篇　認識他人，與他人互動

面對著無緣無故的損失，朋友發火是當然的了。

當他想發火的時候，想到了這樣一句話，「無論什麼人，受激勵而改過，是很容易的，受責罵而改過，是不大容易的。」這個業務員是一個頭腦靈活、踏實勤奮的年輕人，朋友不願意傷害此人的感情──他一定不能打擊業務員的熱情，但他不得不說「不」。

注意他的方法：

「你的業務能力非常出色，這單業務談得非常順利，」朋友繼續說道：「很少有業務員能夠在談判方面如此順利，在短短的十幾分鐘之內讓客戶簽訂訂單。但是這次業務出現如此特殊的問題，合適嗎？從你的立場來說，你簽單的速度和品質無可挑剔。但我必須要從公司的效益來考量，現在，我要告訴你，要扣發你這個月的獎金。」

業務員按照朋友的話做了。後來，這個人成為朋友手下的金牌業務員。

不可否認，這個業務員犯的絕對是嚴重的錯誤，有的時候，這種錯誤甚至會毀掉一個公司，但請注意在他談到問題的嚴重性之前，他首先稱讚他。

這個嚴重的錯誤，對朋友造成了很大的損失，但朋友沒有直接批評他，而是用委婉的口氣對待他。

朋友說：「批評是一件很容易的事情，但能夠發揮作用的

批評卻很難得。」

人們總喜歡自己的耳朵能接收到來自別人嘴巴裡關於世界上最美的語言，在聽到來自別人讚賞的語言時，會滿足自己缺失的虛榮心，卻總是忘記了別人也需要這種語言。

在社交場合中，改變他人最重要的規則是從世界上最美的語言開始，發揮嘴巴的功效，將最美的語言送到別人的耳朵裡，這樣，別人才能將耳朵放進你的手中。

我們總期望從別人的嘴裡聽到讚賞的語言，卻忘記了我們自己也有一張能夠說讚賞的話的嘴巴。

有一個朋友，總是抱怨婚姻生活平淡如水，毫無波瀾，拉著妻子的手，就像是自己的左手拉著右手。以前總是能聽到來自妻子的讚賞：你真是一個優秀的老公，知道如何疼愛我……

可是，如今，再也聽不到任何妻子的讚美，妻子的眼中也沒有任何對自己留戀的眼神。

我對他說：「你只想聽到來自妻子的讚美，你讚美過你的妻子嗎？」

朋友恍然大悟。

過了幾天，朋友見到我，傳遞給我一個消息：連假我們準備出國玩！

如果朋友繼續用「左手拉右手」的方式，能有這樣的結果嗎？

下篇　認識他人，與他人互動

善待他人：直接指責帶來的傷害

> 現實中，當你準備批評別人時，要記住這句話：給狗一個惡名，不如把牠吊死。

很多時候，在批評別人時，大多數話都是在不經意的情況下脫口而出的。

舉個例子：

幾天前，助手將我非常在意的一單業務弄砸了。我非常生氣，憤怒之下，立刻射出責罵之箭：你怎麼總是這樣，說過你多少回了？

將他狠狠地罵了一頓，然而，直接指責換來的往往是極力地辯護。他極力為自己辯解。

他的行為燃起我更大的怒火，又一頓嚴厲地責備。

發火之後，我看他委屈的神情，我知道自己指責得太過了。

為了彌補，我為自己辯解：我這是對事不對人，也是為了你好。

但是，這並不能減輕責罵對他的傷害，也不能減少責罵所帶來的副作用。當天晚上，他傳了一則訊息給我：我朋友開了一家公司，要我過去幫忙。

善待他人：直接指責帶來的傷害

我知道，我犯了錯。他是一個非常優秀的助手，卻在我的直接指責之下離開了。他失去了一份工作，我卻損失了一位助手。

直接指責的結果是要麼傷害他人，要麼自己反被人傷害，弄得頭破血流。

指責是一種危險的導火線，一種能使人性的缺陷徹底爆發的導火線，這種爆炸的殺傷力有時候會置人於死地。

我在想，如果我能夠避免這種直接指責，會不會就不會出現這種結局？我的直接指責換來的不是他對自己錯誤的認知，而是極力地辯解，他極力地辯解沒有讓我意識到自己的指責是不對的，反而激起更大的怒火。

人性的弱點使然。

你可能已經明白了，人性的缺陷——做錯事的人只會指責他人，而不會責怪自己。

這句話適合任何一個人。

說一個朋友的事例：

朋友是做工程設計的，由於人事變動，部門已經三個月沒有接到一單業務，公司迫切需要一個業務。

恰好，趕上一次招標，朋友摩拳擦掌，要求公司必須拿下這個訂單。

下篇　認識他人，與他人互動

很不幸，儘管已經做足了努力，訂單還是被別人搶走了。

朋友氣憤難平，從部門主管到每一個參與競標的員工，全部被他指責一番，一再強調自己多麼辛苦、多麼努力，似乎失敗與自己沒有任何關係，這搞得公司上下的是一團怨氣。

期間，他的助理抗議性地說了一句：這次的投標你自始至終都在參與，大家都有責任。

這句話惹怒了朋友，當天，就和助理結清了薪資。

很多時候，我們看到別人做得不對，就喜歡去責備；而當自己做錯了事情，別人來指責自己，又覺得心裡委屈。這就是人性，強烈的虛榮心和可怕的反抗心理。

我想對這位朋友說：蛇的爬行方向，由蛇頭決定；蛇的爬行路線，同樣由蛇頭決定。

直接的指責是沒有任何用處的，因為那會使人採取防守的態勢，並常常使他們竭力為自己辯護。

美國著名總統林肯，是一位了不起的人物。

他死去的時候，陸軍部長說：「躺在這裡的是世界歷史上最完美的統治者。」

林肯成功人際溝通的祕訣是什麼呢？

年輕的時候，林肯是一位喜歡到處指責別人、譏笑別人，而且還經常發表文章諷刺別人，尤其是社會上的一些名流。

這一次,他在當地的時事報上,發表了一篇文章,諷刺一位自視甚高的政客希爾斯,諷刺他「嘴裡的菸斗像狗拉出的乾癟的大便」,被全鎮的人引為笑料。希爾斯敏感而自傲,用重金在報紙上發表宣告:要求和林肯決鬥,以維護自己的榮譽。

林肯反對決鬥,但是礙於面子,他只好應戰。全鎮的人都在等著看著林肯。為了活命,他跑到西點軍校尋找退伍的軍官,讓他們教他決鬥技巧。

幸好在決鬥之前的最後一刻,政府阻止了他們,才避免了一場決鬥。

直接指責是危險的,它完全蹂躪了一個人的面子,結果只會激起對方的堅決反抗。

這是林肯一生中最為驚心動魄的事情,徘徊在生死邊緣處的林肯懂得了如何與人相處的藝術。從此以後,他幾乎從未因為一件事而直接指責過任何人,即使有人羞辱他「臉的長度可以玩雲霄飛車」,他依然微笑應對。

羅斯福總統:「當我遇到難以決斷的問題時,常常會靜靜地仰望掛在白宮的林肯畫像,問自己,『如果林肯處在我的境況時,會怎麼樣處理呢?』」

人性的缺陷會讓人做出改變嗎?

「非常簡單,從口袋裡掏出一張 5 美元的鈔票,看著鈔票上的林肯頭像,然後問自己『如果林肯處在我的境況時,會怎

下篇　認識他人，與他人互動

麼樣處理呢？』」羅斯福說。

當一個人的改變源自自身時，他已經不是一個平常人了。

西點軍校特種部隊有這樣一項規定：

不允許特種兵在發生某一件事後立即申訴或者指責他人，必須忍受一夜，甚至更長的時間。如果立即申訴，他馬上就會受到懲罰。

直接指責的心態，用一句話簡單的歸納出來：貶低別人，抬高自己。

其實，採用貶低別人的方式來替自己增加砝碼，只會適得其反，自己的砝碼非但沒有因為貶低別人而增加，反而會被消減。

真正溝通高手，不是利用直接指責別人的錯誤來突顯自己的正確，而是透過掩飾別人的錯誤而被別人突顯。

當別人攻擊你、無情地批評你時，原因很簡單：你的存在對他形成了威脅。因為他們自以為這樣可以提高他們自己的重要性，突顯他們的個人能力。

這種提起的高度是一種虛高，建立在指責別人的基礎上。指責之下，是別人燒起的怒火。

另外，當你被別人直接指責時，這並不完全是件壞事，至少說明了一點：你已經獲得他人的注意。有些人喜歡攻擊比自己地位高、能力強的人，以滿足自己那卑劣的本性。

社會上，很多人喜歡挑大人物的毛病，因為這些人可以從中獲得很大的樂趣。

當有人攻擊你時，請記住，沒有人會踢一隻死狗。

名字的力量：人際交往的關鍵標籤

> 記住對方的名字，是實現有效溝通的一個環節，也是最重要的環節。

美國最傑出的總統之一羅斯福，他成功的祕訣很簡單——我能叫出5萬多人的名字——包括白宮裡修剪草坪的清潔工人。

在羅斯福競選總統的幾個月前的一次宴會上，他看見席間坐著許多不認識的人，就找來當日宴會的大廳負責人，從他那裡一一打聽清楚了那些人的姓名和基本情況，然後令人驚訝的事情就出現了。

「比斯利先生，能夠見到你真是太好了！豪爾博士，你也在這裡⋯⋯」這幾個人頓時都愣住了。

「請問您是？」幾個人說出了心中的疑問。

當這些人知道這位平易近人、了解自己、能夠叫出自己名字的人竟是著名政治家羅斯福時，都大為感動，也都非常驚訝。

下篇　認識他人，與他人互動

記住他人的姓名，然後自然而然地叫出來，你就對他有了巧妙有效的恭維。

人際溝通的場合中，記住他人的名字，不僅僅是溝通的需求，更是交際場上值得推行的一種妙招。你想一想，對於輕而易舉地叫出別人的名字，怎能不頓覺親切呢？彷彿雙方是老友相逢，這時，你有什麼需求，別人怎麼忍心不竭盡全力地幫助你呢？

這種方法功效神奇，羅斯福永遠不忘。

幾個月後，在總統競選中，羅斯福使用同樣的心理戰術，輕而易舉地登上總統的寶座。

人們都渴望被他人尊重，而記住別人的名字，這是最簡單，最能讓人有受尊重的感覺。

在職場中，我幾乎忘記了自己的姓名。根據習慣，我的稱呼很簡單，姓的前面加了個「小」字，成為我的稱呼。比如，你姓王，你的職場標籤就是小王，你姓李，你的職場稱呼就是小李，儘管很彆扭，但職場向來如此。

這天，我無意間看到有個下屬在社交平臺上，赫然寫著這句話：自從工作以後，我就變成了「小」字輩。這無所謂，關鍵是我姓任，理所當然地成了小任。

我意識到我習慣性的稱呼讓她很不舒服，我決定改掉這個習慣性的稱呼。

我花了半個小時的時間去記他們的名字。

第二天，我走進公司，她對我打招呼，我笑著說：任萍，早啊！」

我留意了一下她的表情，先是一驚，然後笑得很開心。

他們幾個同樣如此，自從叫他們的名字，與我的關係變得非常好。

直到兩個多月後的公司聚會時，我才意識到，叫出一個人的名字有多重要。

因為他們都對我說：「叫出我名字的一瞬間，我感覺你特別親切。」

拿起團體照時，你第一個找的人一定是自己。看到一大堆的名字時，你先找的名字肯定是你自己的名字。

生活中，當我們到名勝景點遊玩的時候，會在石頭或樹幹上刻下自己的名字以作留念，他們希望「永遠活在別人的心中」。儘管這是一種不文明的方式，但依然是屢禁不止，這更加證明了人們對自己姓名的重視程度。

人們非常重視他們的名字，因此他們竭力設法讓別人記住，甚至違反一些日常的行為規定。

在這世界上，最悅耳的賜予是自己的名字。在社交場合和商務場合，你牢記別人的姓名、生日、各種喜好等細節，代表你重視對方，在乎對方。這不但能建立良好的人際關係，而且

下篇　認識他人，與他人互動

對個人事業的發展也會有很大的幫助。

然而，我們當中有多少人這樣做過呢？

很多時候，我們被介紹給一個陌生人的時候，談了幾分鐘話，臨別的時候，連姓名都不記得了。更有甚者，會叫錯一個人的名字。

叫錯別人名字，是一件比記不住別人名字更讓人感到反感的事情。

上次和你交談的人是王主任，你卻稱呼他為張科長，相信這個記錯的姓已經成為你們有效溝通的一大障礙。

同時，你需要注意，職務稱呼是否正確同樣很關鍵。一位副經理肯定不喜歡別人稱作「副經理」，而一位行政助理也不希望被稱作是祕書。別人怎樣稱呼自己，每一個人都十分敏感，重視對方的地位和職務，並以相應的態度對待他們。記住別人名字，並適宜地叫出來是讓別人留下好印象的祕訣。如果實在不好稱呼，就讓對方來定吧，你只需要叫出對方的姓，加上一個詞語「老師」即可。

人性的缺陷，讓我們總是容易忽略一些細小的環節，而這些環節，則是有效溝通的潤滑劑。很難想像，沒有潤滑劑的世界是多麼乾澀和彆扭。

實現有效溝通，想要初次見面就讓對方留下好印象，就必須讓對方明白，你很在乎對方，很重視他。能準確地記住一

個人的名字，見面時能自然地叫出來，這是對對方最微妙的恭維，而且還具有讚賞的意味。

反過來說，如果你把對方的名字忘記甚至叫錯了，不但會使對方難堪，而且很可能招致意想不到的損失。記住他人的名字，不失為人際互動中的一條妙計。

重視他人的感受：牙痛與天災的比較

一個溝通高手，總是鼓勵別人談論他們自己。

最近我受邀參加一位作家舉辦的沙龍聚會。

聚會結束之後，時間還早，大家用撲克牌玩起了一種遊戲。我不會玩，其中一個漂亮的女士也不會玩。

她知道我幾天前剛剛和一個攝影家去古城，順便拍了一組風景照，作為即將出版的一本介紹旅遊勝地的旅遊手冊的照片，而她接到社裡的任務，企劃出版一套介紹古城「風景即歷史」的學生讀物。

因此，她說：「你能告訴我你到古城的哪些名勝古蹟和見過的人文風俗嗎？」

我點點頭。當我們坐在大廳的沙發上的時候，她提到她不久前去古城附近時的經歷。

下篇　認識他人，與他人互動

「那個地方很有歷史古韻。上次去的時候，我一直想去看看。我真羨慕你，古城都有哪些名勝古蹟？」

那次，我們交談得很愉快。交談的過程中，她不再問我名勝古蹟、人文風俗。她不要聽我談論我的旅行，我的所見所聞，她要的不過是一個認真的傾聽者，使她能擴大她的自我，所以她一直在講述她到過的地方。

接近一個小時的交談，我的任務很簡單，認真地聽她說，時不時地點頭表示認可，偶爾會稱讚、回應一下，這些就是全部了。

聚會散的時候，她高興地對我表示感謝，說：很久沒有這麼開心了。

她是特殊的嗎？其實，很多人都像她那樣。

後來，她在社交平臺上對我說：「很少有人能夠拒絕接受專心注意所包含的諂媚，你比專心注意還進了一步，你是誠於嘉許，寬於稱道──這種傾聽是對任何人的一種最高恭維。」

這樣，我使她認為我是一個善於談話的人，但實際上我不過是聽她說了一個小時的話，一直鼓勵她講話而已。

真的，我其實並沒有做什麼。

有效溝通的祕訣是：專心傾聽對你講話的人，這很重要，沒有別的東西比那樣更使人開心。

美國著名的業務員吉拉德（Joe Girard），他的成功祕訣是

什麼？

　　吉拉德說：先前，我一直認為業務員最重要的是口才，其實不是。業務員出現的地方，就像是廣場一樣，他會喋喋不休地大談特談自己所推銷的東西，從品牌說到品質，從品質說到價格，一刻都不會停歇。但這種推銷方式效果都不是很明顯。

　　為什麼？

　　人性中，有一種「我是主角」的心理，大多數人都不喜歡聽別人談話，而是喜歡別人聽自己說話，喜歡談和自己有關的事，而不是和別人有關的事情。

　　一個人重視自己牙痛的程度遠遠超過死亡百萬人的天災。因為他關心的是發生在自己身上的事情，自己的牙痛問題才是真正的主角，而死亡百萬人的天災即使是與他有關係，至少目前他還活著。

　　普通業務員在推銷產品時，95％的時間是自己在講話或推銷產品，顧客只有5％的講話時間，而且這5％的時間還是在決定是否購買。吉拉德透過經驗總結出了一條規律：將聽和說的比例調整為2比1；也就是70％時間讓顧客說，你傾聽；30％時間自己用來發問、讚美和鼓勵他說。這樣，才能打開推銷之門，成為頂級的業務員。

　　這天，他向一位女士推銷有機蜂蜜，剛剛敲開對方的大門，這位女士大聲叫嚷：「你們的推銷剝奪了我選擇的權利，

下篇　認識他人，與他人互動

我是不會購買你的商品的。」

吉拉德立刻閉上嘴巴，動起腦筋，並細心觀察。

突然，他注意到女主人家的臉盆裡擺著一張剛剛換下來的面膜，問：夫人，你的皮膚真好，我猜你肯定非常愛惜你的皮膚，一定經常使用面膜。

「是，我曾經還做過美容培訓師呢。」女主人依舊是態度冷淡。

「真的？那太棒了，我要好好請教你，我的女朋友經常在外面跑業務，儘管已經很注意保養皮膚了，但是和你比起來，簡直是相差十萬八千里。你看你現在的皮膚，像個二十幾歲的小女生，而她是二十幾歲的小女生，卻像四十幾歲的人的皮膚，為此，她非常苦惱。」

接下來，女主人將自己知道的關於美容的知識，向吉拉德娓娓道來，吉拉德認真傾聽的過程中，還不時地說著：他以前就沒有注意到這些方面……

快要結束的時候，吉拉德提出了自己的建議：其實，我還有個建議不知道對不對？我聽說將蜂蜜和珍珠粉放到一起，均勻地塗到臉上，會使皮膚更光滑、更細膩，對嗎？

「對！蜂蜜確實是一種很好的面膜原料，不過現在的蜂蜜中，蜂蜜的純度都不是很高。」女主人說。

「其實，夫人，你可以試試我們公司生產的蜂蜜，這是一

款有機蜂蜜,純度達到 60%,而且含很多人體缺少的硼元素,你應該也知道,硼元素是人體不能合成的一種元素。」

「你說得非常對,我決定購買你的兩瓶蜂蜜。」女主人高興地說道。

最後,這位女主人一邊打開錢包,一邊說:「就算我的先生也不會聽我嘮嘮叨叨講這麼多,而你卻願意聽我說了這麼久,甚至還能夠理解我的這番話,真的太謝謝你了。希望改天你再來聽我談美容,好嗎?」

隨後,她爽快地從吉拉德手中接過了兩瓶蜂蜜。

一個再挑剔的人,甚至是無理的批評者,常常在一個耐心的、同情的傾聽者面前軟化、降服,而這需要傾聽者在對方張牙舞爪的時候,用微笑去化解。

世界上最困難的事情是閉上嘴巴,假如你不張開耳朵,不適時地閉上嘴巴,你就會失去無數機會。

從人性的本質來看,焦點心理就是每個人最為關心的是自己。他們喜歡別人關注自己,喜歡別人談論或者傾聽到與自己有關的東西。

由於有這種心理的存在,有些人便經常犯這樣一種錯誤 —— 不喜歡聽人講話,要麼滔滔不絕與人說個不停,不顧對方作何反應;要麼當對方講話時,注意力不大集中,東張西望,心不在焉,甚至走神。這種不良的行為習慣會成為有效溝

下篇 認識他人，與他人互動

通的絆腳石，有礙於人際互動的效果。

美國著名的婚姻心理專家的成功祕訣是：

心理醫生必須是一個合格的傾聽者，許多人走進心理診所，要的僅僅是一個傾聽者而已。

有一次，一個女士走進辦公室，要我幫助她。接著，她告訴我，她的老公對她很冷淡，已經兩個月沒有性生活，連續出差兩個星期⋯⋯

期間，我只是認真地看著她，偶爾遞過去一張衛生紙。四十分鐘後，她的情緒穩定了，說：「謝謝你，醫生，我已經知道怎麼做了。」

「其實，我什麼都沒有做！」心理專家說。

記住：你要使人喜歡你，那就做一個善於靜聽的人，鼓勵別人多談他們自己。

有效溝通：撒嬌背後的智慧

實現有效溝通，需要時時讓別人感到重要。

一個經營企業的朋友曾經跟我說過這樣一件事：

幾年前，因為業務發展的需求，企業準備在泰國設立一個子公司。幾年的發展，公司的實力突飛猛進。在政策的扶持

下,企業有足夠的經濟實力向海外擴展。

拓展業務的事情有條不紊地進行著。公司的拓展計畫企劃案的企劃者李主任主動提出前往,他認為這是一個很好的機遇。如果發展子公司的計畫成功了,他便是企業海外發展第一人,即使是失敗了,他也不會有任何損失,還可以回到原職位。但企業已經內定了業務部的一把手。

為了將這個不受歡迎的消息告訴李主任又不至於觸怒他,企業將這件棘手的事情交給了朋友。

「當企業著手進行這個企劃方案時,首先確定的人選是你,這也是選你做這個企劃案的最重要的原因。但是,企業領導層在後來的具體商議這件事時,覺得你的離開會導致公司的企劃部失去節奏,同時,也會有很多人覺得奇怪,怎麼能將你派過去……」朋友像聊天一樣,將這個不受歡迎的消息傳達給李主任。

朋友很聰明。

你看出其中的暗示了嗎?朋友簡直就是直接告訴李主任,你太重要了,公司的企劃部離不開你,所以李主任同意了,不再有想法和異議。

朋友很精明、世故、圓滑。他遵守了有效溝通中的一個重要原則:永遠使對方感覺到重要。

人性最本質的驅動力是──希望自己是重要的,人性本

下篇　認識他人，與他人互動

質中最基礎的需求是——渴望得到他人的肯定。

正是人性最本質的驅動力、最基礎的需求，使人類有別於其他動物，使人類的世界不斷發展，不斷進步。

美國歷史上最偉大的總統羅斯福說：當你與他人交談時，要假設他在額頭上寫了這幾個字：讓我有受重視的感覺。這是他在 12 年的總統生涯中最重要的經驗之一。

從人性的角度來說，人人都希望自己成為主角，成為最重要的那一個。使每一個與之接觸的人有受重視的感覺，將會極大地滿足對方的自尊心和虛榮心，當你滿足了對方的自尊心和虛榮心，對方自然會從主觀上對你產生好感。

當你想讓別人覺得對方很重要時，你必須表現出來，透過表現出來，才能得到對方的回應。讓對方感覺到自己的重要性，你自己必須以誠懇的態度來表示，使對方真心感受到你的誠意。

美國業務員吉拉德先生，曾經受聘於福特汽車公司做銷售經理。

這天，福特汽車的展示中心走進來一位其貌不揚的老太太。

一個業務員接待了她，她走進福特展示中心，業務員看她開著老舊的車子，便斷定她買不起新車，東張西望地敷衍著，吉拉德斷定這位業務員看不起這個老婦人。

果然，一會之後，老婦人擺擺手，示意要走。

吉拉德趕緊走過去，他的目的很簡單，就是替剛剛那位業務員上一堂課。

走過去之後，發現剛剛那位女士沒有離開，在觀看中心展示的一輛黃色轎車。吉拉德走上前去，禮貌地接待了她。那位女士說：「今天是我的生日，我想買輛車作為生日禮物。」

吉拉德說：「請允許我告退一分鐘，馬上回來。」

吉拉德跑到自己的辦公室，從花盆裡取走一朵玫瑰花，讓剛剛的業務員禮貌地送給這位女士，祝賀她「生日快樂」！

看得出來，當時她真的太訝異、太意外了。

後來，這位女士購買了一輛黃色轎車。

聰明的吉拉德看到這位女士身上散發著無形的訊號——讓我感覺自己很重要！而他所表現的，就是讓這位女士感覺「自己很重要、很受禮遇」。

同時，吉拉德向自己的業務員上了一堂生動的教育課。

人的價值感，是透過獲得別人的肯定、讚美而來；只要讓對方感覺自己很重要，對方也會善意地給我們正面的回饋。

為了節省開銷，我決定向公司的員工提供午餐，當然，這需要找一位廚師。偏偏很不巧，我的母親推薦了他的一位老姐妹，並一再強調，她的烹飪非常有水準。其實，我一直都不願

下篇　認識他人，與他人互動

意這種情況出現，因為這是一件很難管理的事情。

這個廚師做飯並不認真，員工反映伙食很不對胃口。確認之後，我認為她的烹飪水準確實不錯，只是因為她不重視自己的工作。

後來，我想了一個辦法，既沒有增加她的開銷，也沒有減少她的工作量，而是將一間盛放雜物的房間整理出來，為她安排了一間辦公室，裡面放置了很多的菜單和書籍，門上寫著她的名字和頭銜——後勤部主任。

她不再是一個做飯、打掃環境的廚師了——現在，她是後勤部的主任。

她覺得自己很威風、得到承認、受到重視，從此，她對自己工作的態度變得很認真，經常可以看到她認真地研究菜單，飯菜的口味也越來越好。

很孩子氣嗎？或許是的。

在溝通交際中，差不多你所遇見的每一個人都自以為在某些地方比你優秀。所以，要打動他們內心的最好方法，就是巧妙地表現，你認為他們很重要。

當你在職場忙碌的時候，你是否期望你的主管從你身邊路過時，拍拍你的肩，鼓勵你一下？當你跟主管在某處不期而遇時，你是否期望你的主管主動對你微笑，關心你一下？

答案當然是肯定的。

人性的基本需求是期望自己受到重視。

你需要,別人也需要。

如果你能夠做一些很簡單的事情,比如,問一些你身邊的人,關於他們自己的事情,並且表現出很大的興趣,這樣別人心裡面就會感覺自己受到重視,感覺他在你心中相當重要,他也就會喜歡你這個人。

順勢而為:讓合作走得更遠

> 尊重別人的意見,切勿直接對對方說:「你錯了!」

去年發生的一件事,讓我留下很深的印象:

週末,我和妻子去她父母家吃飯。正在吃飯的時候,我談到一條高速公路的修建又中斷了,我說:「真是讓人失望。」

但岳父的反應則很高興。

說:「那條高速公路根本不該修建,它破壞了很多珍貴的古蹟。」

考慮到修建高速公路之後,我每天上下班就會方便很多,沒有這條高速公路,我上班需要花一個多小時。想到這裡,我說:「那條高速公路即使不該修,也必不可少,因為現在汽車數量是十年前的四倍之多。」

下篇　認識他人，與他人互動

　　岳父又補了一句：「你們這種想法，只考慮節省行車時間，完全不顧傳統文化的繼承和發揚。」

　　我頓時失去了耐心，說：「你們這代人，思想太保守，往往會阻礙現代化的發展。」

　　我剛剛說完這句話，岳父「霍」地站起，說：「我想你沒必要在一個思想保守、阻礙時代進步的人家裡吃飯吧？」說完轉身而去。

　　我很後悔我當時的反應。

　　我真願這件事從未發生，如果我知道這話題對他如此敏感，我完全可換種說法，避免這場不快。當時，我只需要保留自己的意見，就完全可以避免衝突。

　　後來的結果，我花了幾千塊錢，買了六瓶好酒，登門謝罪。

　　無論在何種情況下，尊重別人的意見既是個人修養的表現，也是有效溝通的方法。至少，沒有因為與別人的意見相衝突而發生爭論，浪費不必要的時間和精力。

　　比如，同事問她新買的衣服怎麼樣，你首先要做的是肯定這件衣服，儘管實際上根本就不是很適合她。從表面上看，她是在徵求你的意見，實則是在讓你肯定她的選擇。

　　你可以說，「這件衣服很好看，你在哪裡買的？我也想去買一件。」之類的，表示尊重的意見。

你說的話，或者說你的回應會讓她很有成就感，心裡很舒服，當然，也就會與你保持好的關係。如果你發表意見，表示衣服不適合她，或者衣服不怎麼樣的時候，她的心裡會很反感，弄不好會在背後說你沒有眼光，不懂得欣賞。

有一次，市長到公司參觀。主管吩咐公司內部人員都要穿公司制服，平時很多辦公人員都沒有穿。為了完成這個事情，老闆還下了命令。

然而，有一個同事卻忘記了。這天，老闆來檢查的時候他沒有穿。

老闆以責備的口吻，「你為什麼沒有穿？」

同事說：「公司制服很難看。」

很顯然，這句話在無形中已經觸犯了老闆的權威。這句話一出，老闆的臉就陰沉下來了。

同事當時完全可以說疏忽了或者忘記了，而不是說「公司制服很難看，我不想穿」，這是直接否定老闆的權威，不尊重老闆的建議。

後果是什麼？大家可想而知。

這裡補充一下，上面提到的同事徵求的著裝如何的問題。

即使她否定自己，你也不能表示否定。

比如，「我覺得我昨天剛買的這件衣服醜死了，領口太寬、

下篇　認識他人，與他人互動

顏色不鮮豔，你看呢？」

這個時候，你不能尊重她的意見了，而是否定她的意見，你可以說：「我並不這麼認為，衣服好不好看，不是衣服本身能夠決定的，而是由穿衣服的人決定，我倒是覺得你穿著很好看。」

這句看似恭維的話，會發揮很正面的作用。

人際溝通中，當你的意見與對方出現分歧時，你是堅持自己的意見、否定別人的意見，還是考慮一下他人的想法？

人性是自私的，對於與自己潛意識裡相衝突的東西，首先想的是「殺死」對方與自己相衝突的部分。這種人性潛意識裡的缺陷，對人際溝通往往產生不利的影響。

在日常交集溝通的過程中，很多人在人性的示意下，往往會優先選擇前者，尤其是一些身居高位者，在面子心理的支配下，容易否定別人的意見，肯定自己的意見。

然而，這種否定他人，肯定自己的行為，一方面於己不利，因為如果他人的意見對了，可是你沒聽取，那你就得不到正確的資訊，也無法獲得正確的結果；另一方面，則會直接傷害他人，因為你不尊重他人的意見，也就傷害了他人的自尊心，造成人際關係上的負面影響。

因此，在面對衝突的時候，首先要明白，幾乎在所有意見衝突的場合，雙方論點都有某些合理之處。在「沒有贏家的爭

論」中，尊重別人的意見是一種優雅的退卻。

一種有效地避免僵局的策略就是向對方說「言之有理」，然後轉向一個較安全的話題。

最有效的方法是尊重別人的意見。

每一種意見背後，都有它的支持點。了解別人的想法，你會獲益很大。你的意見有你的理由，別人的意見同樣有自己的支持點。

在聽到別人的意見時，第一個反應常常是「評斷正確與否」，而不是「了解」。

也就是說，每當有人表達出感受、態度或是意見時，我們通常會根據自己的意見果斷地作出判斷「這是錯誤的」、「這種觀點太荒謬了」、「毫無道理」……卻很少要自己去了解別人意見的支持點。

站在對方的立場上，如果我們的意見被別人全盤否定了，會使我們遷怒對方，更固執自己的意見。然後，我們會尋找各種理由支持自己的意見，維護自己的意見。這不是我們的意見有多麼珍貴，而是我們的權威、自尊心受到威脅。

聽到別人的意見時，首先要對別人的意見表示尊重，千萬別說「你錯了」。

尊重別人的意見不僅是對對方的尊重，更是自己修養的一種表現。

下篇 認識他人，與他人互動

相反，如果你過於直率地指出別人的錯誤，再好的意見也不會被人接受，甚至會受到很大的傷害。

吸引力法則：以蜂蜜贏得人心

> 做人要懂得如欲取之，必先予之的道理，以友善的方式開始對待你的朋友。

美國人在針對孩子的教育時，十分注意反面教材的作用。對於一些在中小學校園裡出現的恃強凌弱的所謂「小霸王」，校方的態度也是非常鮮明的。

據悉，凡是經過兩次以上的教育仍舊不思悔改的小霸王，校方會開設獨立的課堂，禁止他與其他孩子接觸，讓其在失去自由的條件下悔過，如果依舊不思悔改，則會由不良少年管教部門給予管教。對於電影中的暴力鏡頭，有著嚴格的年齡限制，電影院會嚴格執行。無論是教師還是家長，都十分注意引導孩子以批判的眼光進行審視。

美國製造的武器以高、精、尖而舉世聞名，但美國人不贊成玩具商開發高科技暴力玩具，更不支持孩子，尤其是男孩，與玩具槍、炮、坦克為伴。因為美國的研究者已經找到了越來越多的證據證明：美國暴力槍殺案與小時候經常用玩具模擬殺人有直接的關係。因此，美國的玩具越來越接近卡通，比如唐

老鴨、米奇等。

美國人對孩子的教育，是希望將孩子培養成一個對人友善、親切地人，將來為世界人民做貢獻的人。

友善教育成為美國家庭教育的主導方向。

美國人一直堅信他們的總統林肯說的一句話：一滴蜜比一勺苦膽汁能夠捕到更多的蒼蠅。

美國歷史上第16位總統林肯，被稱為美國歷史上最偉大的政治家。他的交際手腕一直讓人津津樂道。

林肯由於家庭貧困，從小營養不良，非常消瘦，而且，臉很長，形象上比較難看，這成為很多人嘲笑他的把柄。

這天，林肯在樹林裡散步的時候，遇到了一位老婦人，老婦人說：「你是我所見過的最醜的一個人，只比猴子一樣的林肯稍微好看一些。」

林肯幽默地說：「我是身不由己，不過至少我比總統要好看一些，謝謝您對我的鼓勵。」

「不，至少你可以待在家裡不出門啊！」老婦人說，

「這可不行！我還得為美國公民上街維持秩序呢。」林肯幽默地說道。

林肯友善地回答彰顯了自己的胸懷和智慧。這是林肯競選總統時，為什麼能深得人心的一個縮影。

下篇　認識他人，與他人互動

　　大學時期的一位導師，儘管只有40多歲，但頭髮快要禿光了，露出一片「不毛之地」。

　　他的這個特點成為我們嘲笑的對象，我們經常在背後稱呼他「沙漠之師」。

　　有一次，他乾脆在課堂上向我們講明了因病而禿髮的原因，最後，他還加上了這樣一句話：「頭髮掉光了也有好處，至少以後我上課時教室裡的光線可以明亮多了。」我們發出一片友好的笑聲，此後再也沒有人叫他沙漠之師。

　　同樣，大學時期有一個老師，個子很矮，也成為我們嘲笑的對象。

　　冬天的時候，有同學故意在走廊上潑了一盆水，想看老師的笑話。等到上課鈴響的時候，水已經結成了薄薄的一層冰。老師小心翼翼地踩過去，走進教室之後，笑著說：「哈哈！我個子矮，重心低，很難滑到的。」

　　此後，再也沒有學生嘲笑過他。

　　友善的力量具有強大的力量。因此真正偉大的人物會透過友善的方式，讓別人和他一起笑。他們以友善的方式來實現人際互動中的有效溝通。

　　人性本身是一個複雜的統一體——真與假，善與惡，醜與美的交織，在人性的驅使下，我們容易做一些自認為真的假事，自以為善的惡事，自以為美的醜事。人性的劣根性讓人總

是交織在真與假,善與惡,醜與美的生活中。

然而,一個人要想活得更加快樂、幸福而且有意義,就應該使自己多一點真、善、美的東西。人性的劣根性讓很多人似乎生來就假、惡、醜,對待別人、對待生活、對待周圍的世界,甚至對待自己,似乎充滿了假、惡、醜。

人際溝通中,我們首先想到的是自己,忽略別人,甚至以犧牲別人來換取自己的利益。

比如,遇到了不開心的事情,亂發脾氣,對周圍的人發作一通,固然自己可以非常痛快地發洩了你的情緒,但周圍的人會怎樣?他能分享你的快樂嗎?你高高的聲調、仇視的眼神,能使別人信服你嗎?

想要實現有效溝通,如果你對他人毫不友善,不露真情,又怎能期望從他人身上得到友善的回報?當你與人相處時,「禮尚往來」這一準則一定要遵守,投之以桃方能報之以李。

人性的劣根性不易改變,你無法透過強制手段強迫他們同意你,但你完全有可能引導他們。只要你溫和友善的方式,別人自然會主動接近你。

一滴蜂蜜要比一勺苦膽汁能招引更多的蒼蠅。如果你想贏得人心,首先要讓他人相信你是最真誠的朋友。那樣就像有一滴蜂蜜能夠吸引住他的心,也就有一條坦然大道,通往他的理性。

威爾遜(Woodrow Wilson)總統在他年輕的時候,說:「如

下篇　認識他人，與他人互動

果你握緊兩個拳頭來找我，我想我第一反應是如何擊倒你。但是，如果你到我這裡來說『讓我們坐下，一起商議，如果我們意見不同，我們要了解為什麼彼此不同，分歧是什麼。』不久就可以看出，我們身上的相同點很多。」

這是威爾遜總統被美國公民擁戴的原因。

燦爛的陽光比猛烈的狂風更容易讓你脫下外套；仁厚、友善的方式比任何暴力更容易改變別人的心意。這句話有多少人能了解和真正做到呢？

美國總統林肯的格言：一滴蜂蜜比一勺苦膽汁捕捉到的蒼蠅更多。人心也是如此。如果你希望別人認可你的選擇，就需要先使他相信：你是他忠實的朋友。用一滴蜂蜜去贏得他的心，這樣你就能使他走在理智的大道上。相反，如果你動不動就亂發脾氣，對別人說一些難聽的話，以為這樣你會感到淋漓盡致的暢快，那你就錯了。你的火藥味和敵視的態度會使對方對你表示贊同，分享你的痛快嗎？絕對不會。

潛意識教師：善於發現別人的長處

滿足別人的優越心理，最後優越的是自己。

1908 年，羅斯福進入華爾街的卡特‧萊迪亞德和米爾本律師事務所擔任律師，負責一些民事訴訟方面的案子，他的助手

是一位剛畢業的法律系的學生。

這天，羅斯福在為一件即將公開審理的案件尋找法律依據時，在一本厚厚的法典中，尋找一條法律依據，卻怎麼也找不到。

「艾姆斯，請過來一下！」羅斯福叫來了正在辦公室忙碌的助手，「我不知道你肯不肯幫我解決一點困難，請你告訴我這條法律依據在法典中的什麼地方？好不好？」

這個問題的效果像閃電一樣快，艾姆斯興奮地接手這個工作，短短的一刻鐘，他將這條法律依據認真地用紅線標注，交給羅斯福。

羅斯福在後來的自傳中寫道：雖然他只是我的助手，但是在知識層面沒有職位高低，只有求知與求教，他知道我不知道的事。我必須以求教的姿態向他打聽，這樣我就給了他一種自重感。

當時，羅斯福只是一個年輕人，他將自己所有的儲蓄都投資於福利事業中，設法使自己被推舉到紐約州議會的祕書，因為這個職位能夠服務大眾，同時也是讓大眾了解他的機會。

羅斯福很成功，一年之後他以民主黨人的身分進入紐約州議會，開始涉足政界。

這個工作很好，羅斯福很喜歡，也非常願意做。但他的人際關係出現了危機。議會中的一位有權勢的人法爾科對羅斯福

下篇　認識他人，與他人互動

非常有成見。這全部都是因為在一次會議中，羅斯福的演講擊敗了法爾科的緣故 —— 演講是無法避免的社會行為。

在政界中，很多人寧願與別人結緣，也不願意與別人結怨，因為這是一件非常危險的事情。

羅斯福應該怎麼辦呢？這是一個非常重要的問題。

羅斯福想到了一個好的方法。

羅斯福請法爾科做一件使他自己喜歡的事情 —— 一件能讓他感覺勝過羅斯福的事情，能夠刺激他虛榮心的事情，一件讓人對他的知識、成就讚賞的事情。

「法爾科，你的提案真的棒極了，有空的話，能像老師一樣指導我一下嗎？」羅斯福找了一個很好的機會，當時法爾科的身邊聚集了很多人。羅斯福的這句話讓法爾科很受用，他有點意外，但隨即高興地說：「非常樂意！」

此後，在會議廳遇到法爾科，他主動對羅斯福打起了招呼，在此之前，從來未出現過這種情形。「無論什麼時候我都願意幫忙！」後來，他們成了好朋友。羅斯福競選的過程中，法爾科為他出謀劃策。當時，總統競選是在嚴重經濟危機的背景下進行的，法爾科親自為他撰寫演講稿，才出現了這句話：

一個總統不是一個雜技演員。我們選他並不是因為他能做前滾翻或後滾翻。他做的是腦力勞動，是想方設法為人民造福。

羅斯福使用的方法,是把對方當老師的心理學,還在繼續發揮人際溝通中的潤滑作用。

一位法國哲學家說:「如果你要得到仇人,就表現得比你的朋友優越吧;如果你要得到朋友,就要讓你的朋友表現得比你優越。」

這句話很正確,當我們的朋友表現得比我們優越時,他們就有了一種自我看重,同時覺得自己是重要人物的感覺。但是當我們表現得比他們優越,我們在覺得自己重要的時候,他們就會產生一種自卑感,造成羨慕和嫉妒。出現這樣的情況的時候,你距離失去你的朋友就不遠了。

聰明的人對自己的成就總是輕描淡寫,謙虛,不張狂;愚蠢的人則大聲喧譁,譁眾取寵,結果眾叛親離。為人處世的過程中,我們要保持低調的同時,還要讓別人有一種優越感,滿足別人優越的心理。

我的一個朋友,經營一家汽車維修店,雖然地處郊區,但是生意十分好。有的時候,有顧客來這裡修車,有時修車花的時間比較長,顧客會覺得很無聊。

朋友看到這種現象,便讓自己的朋友在自己的店附近開一家綜合式的集飲食娛樂為一體的場所,這裡地租便宜,而且來這裡修車的人大多是有錢人,一旦成功利潤不會小。

他接受了我朋友的建議,在店附近開了一家綜合式的休閒

下篇　認識他人，與他人互動

場所，果然，很多來修車的人都會光顧那家娛樂場所，慢慢地他的盈利收入逐漸超過了汽車維修店。

幸運的是，他的朋友是一個溝通高手，無論何時，每當有人誇他腦筋靈活，有生意頭腦的時候，他都會謙虛地說：「這完全要歸功於我的好朋友，我能有今天都是他的成就，他是我成功路上的老師。」

這讓朋友非常高興，不僅沒有因為對方的生意好過自己而眼紅，反而為了對方娛樂場所的規模以及經營方法提出了很多合理化的建議。

生活中很多人都有這麼一種心理，能看到別人比自己弱，卻看不到比自己弱的人變得比自己強。這是人人都具有的一種優越感的心理。

給別人一種優越感，滿足別人好為人師的心理，有助於在生活和工作中走得順利。低調者早已了解到了這一點，他們從來不自己獨享榮耀，也不與朋友分享榮耀，他們做的只是把優越感讓給別人。

在我們的周圍總會看到這樣一些人，過強的優越感讓他們過於迷戀出頭冒尖的感覺，一味張揚，表現自我，卻渾然不覺自己的能力到底有幾分。雖然他們滿足了自己的優越感，他們的確引起了很多的注意，可惜這種注意帶來的只是負面看法和評價。他們成了眾人反感、厭惡的對象。日常工作中不難發

現這樣的朋友，其人雖然思路敏捷，口若懸河，但一說話，令人感到他很狂妄，因此別人很難接受他的任何觀點和建議。這種人多數都是因為想要表現自己，總想讓別人知道自己很有能力，處處想彰顯自己的優越感，從而獲得敬佩和認可，結果卻往往適得其反，失掉了在朋友中的威信。

生活中，每個人都想比別人更突出，想比別人優越，滿足別人的優越感，滿足別人好為人師的特點，會為自己贏得很多人的幫助。

在互動中，任何人都希望能得到別人肯定性的評價，都在不自覺地強烈維護著自己的形象和尊嚴，如果他的談話對手過分地顯示出高人一等的優越感，那麼無形之中是對自尊和自信的一種挑戰與輕視。

要善於發現別人的長處，滿足別人優越的心理，只有這樣才能積小善為大善，積小能為大能。每個人都有自己的優點，都有值得他人學習的地方，都有一種好為人師的心理，想讓周圍的人向自己學習。「世界上不是沒有美，而是缺少一雙發現美的眼睛」，同樣的道理，身邊有很多人，他們身上都有我們值得學習的對方，學會利用身邊的資源，給別人優越感，從而讓自己走上成功的道路。

下篇　認識他人，與他人互動

拒絕冰冷的「不」：選擇更柔軟的表達

> 要實現有效溝通，讓對方一開始就說「是」。

在我居住的地方附近，有一家獨立書店，書店的地理位置並不太好，主要是以租書為主。書店的主人是一個高中歷史教師，視書如命，裡面的書主要為歷史方面，古今中外的歷史資料很全。

這天，我突然想看一下關於英國圈地運動方面的詳細資料。於是，我走進了那家書店，準備租來看。

書店的老闆聽過我的詢問之後，表示非常遺憾，他的書店已經不做這種服務了。然後他問我，是否以前向店裡租借過。我回答：「是的，在兩個月前我還租借過一次。」他提醒我，那時一本書的租金是否在30元到80元之間。我又回答：「是的。」

接下來，他問我是不是個喜歡讀書的人，我當然回答：「是的。」

接著，他解釋說，他們正好有一本關於圈地運動的史料在銷售，裡面的資料很詳細，售價才200元。也就是說，我只需多付一些錢便不需租借，便可以擁有這本書。他解釋說，這就是他們店裡不再辦理租借的緣故，因為那樣太划不來了。

後來，我很高興地購買了我所需要的資料，並且還購買額外的其他東西。

拒絕冰冷的「不」：選擇更柔軟的表達

從此以後，我成了他們店裡的常客。

這個老闆很聰明，讓我在潛意識裡避免說出冰冷的「不」，而他則讓我在說「是」的過程中，實現了預期的溝通目的。

人性中，「不」屬於逆向心理，當一個人說「不」，並潛意識裡有這種意思的時候，他的逆向心理比說一個「不」的反映要大得多：在潛意識裡的支配下，神經系統和肌肉會收縮，成為一個拒絕的整體。就像是刺蝟一樣，在接近一個物體時，接收到物體回饋回來的不友好的訊號，牠就會本能地收攏身體以自衛。

反過來說，一個人說「是」的時候，潛意識裡處於一種興奮的狀態，神經系統和肌肉處於前進、接受、開放的形態。這個時候，人性潛意識裡是一種放鬆的狀態，防禦能力大大降低。因此，在開始的時候，我們能引起的「是」越多，我們越容易進行有效溝通。

首先獲得「是」的反應，是一種極其簡單的方法，然而，這種方法卻常常被人忽略。

我的外甥是一個很聰明的孩子，最近他看上了一把價值不菲的玩具狙擊槍，他的爸爸媽媽擔心他會用槍傷到人，同時擔心因為玩槍，會讓他有暴力傾向。為此，一直拒絕為孩子購買。

然而，外甥卻整天哭鬧，甚至透過拒絕上學、拒絕考試的

下篇　認識他人，與他人互動

方式進行抗議。

這天，來我這裡玩，又想到了這件事，鬧開了。小傢伙的心思我很明白，他是寄希望於自己的舅舅身上，希望舅舅能夠幫他實現願望。

下面是我和他對話的過程：

我說：你非常喜歡狙擊槍對不對？

他點點頭，說：是。

我說：有了狙擊槍你就可以在你的朋友面前炫耀了對不對？

他說：是的，俊文也有一把，但是我沒有。

我說：俊文的狙擊槍是透過自己累積的零用錢購買的，是不是？

外甥點點頭。

我說：這把玩具槍屬於計畫外的玩具，需要你自己累積零用錢進行購買。從今天起，你要注意節約用錢，等你透過自己賺的錢購買狙擊槍的時候，你在你的朋友面前就會更有面子，是不是？

外甥點點頭。

此後，他再也沒有提過購買狙擊槍的事情了。

要實現有效溝通，當你與別人交談的時候，不要先討論你不同意的事，而是要強調，同時不斷地創造兩個人之間的相同

點,增加讓對方說「是」的機會,而且不停地強調你所同意的事。因為兩個人的溝通過程,是在為同一個結論而努力,所以你們的不同之處只在方法,不在目的。

人性的逆向心理,使人在說「不」的方面反應很強烈,一旦說出了「不」,是最難克服的障礙,一旦說了一個「不」字之後,人本性中的自尊就會迫使人繼續堅持下去,增加逆向的可能性。

如何讓對方一開始就朝著肯定的方向做出反應,這對你的結果是很重要的。

懂得說話技巧的人,會在一開始就得到許多「是」的答覆。

問些對方同意的問題,然後漸漸引導對方進入設定的方向。對方只好繼續不斷地回答「是」,等到他察覺時,兩個人之間的溝通已得到設定的結論了。

打消別人不同的意見時,首先要問一些溫和的問題——一些能引起別人做出「是」的反應的問題。

很多人認為,人際溝通的過程中,從一開始便提出相反的意見,這樣不正好可以顯示自己的重要和有主見嗎?

但事實並非如此。

人的思考和物體的運動一樣,存在著極強的慣性,當朝某一個方向思考問題時,你就會傾向於一直思考下去,這就是有些人一旦沉醉於某些負面的想法之後,就難以自拔的原因所

在。思考的慣性讓人在進入一種思維之後，能夠很難把持，會不由自主地陷入一種結論中。

在人際溝通中，要懂得並運用這一原理。與人就一些事情討論時，不要一開始就將雙方的分歧擺到桌面上，而應先討論一些你們有共同觀點、相同意見的東西，讓對方不斷說「是」，讓逆的意見轉為順的意見。漸漸的，你開始提出你們存在的分歧，這時對方也會習慣性地說「是」，他的思考傾向於一種慣性，一旦他發現之後，已經很難能夠把持，只好繼續說下去。

懂得溝通技巧的人，會在對方在開始就說許多「是」，這是最有效的答覆。

真實的你：透過鏡子看見自我

> 想看到臉上的黑痣，你需要站在對方的立場上；想了解別人的內心，你需要和別人站在一起。

先來說一個有趣的商業小故事：

霍福德作為總部的特派員，被公司派往以色列進行為期14天的談判。公司給出的任務，以盡可能低的價格拿下這筆單子。

飛機抵達以色列時，兩位猶太人以非常高的規格接待了來自美國的商業夥伴，禮貌地陪同霍福德上了一輛高級轎車。當

轎車行駛的時候,其中一位猶太人問:「順便問一下,您懂希伯來語嗎?」

「哦,不會,但我在動身之前,我特地學習了一些,能夠表達一些簡單的意思。」霍福德說。

「不用擔心,我早已經為您想好了,我隨身帶了一本字典。您擔心不能按時上您的回程飛機嗎?我們可以安排這輛轎車送你回機場。」另一位猶太人說。

霍福德心裡想:「猶太商人考慮得非常周到。」

霍福德從口袋裡掏出回程機票,遞給他們看,以便這輛轎車知道什麼時候接他。

兩個猶太人沒有立即開始與霍福德談生意,而是首先讓他體驗猶太人的殷勤好客和猶太文化。霍福德花了一週的時間去參觀這個國家。

兩位猶太人還安排了霍福德去一個用美語講授的宗教研習班去研習以色列的宗教。

除此之外,兩位猶太人還讓他坐在硬地板的軟墊上,吃傳統的晚餐,享受傳統的娛樂。

當霍福德要求開始談生意時,他們總是含含糊糊地說:「根據猶太人的規矩,你需要客隨主便。我們還有很多時間用來談生意。」

到了第 12 天,他們終於開始談判。可是談判只是簡單地

下篇　認識他人，與他人互動

舉行了一個儀式，並沒有切入正題。隨後，在猶太人的安排下，他們打了一場高爾夫球。

到了第 13 天，談判同樣結束得很早，因為要舉行告別晚宴。

最後到了第 14 天的上午，猶太商人認真地恢復談判，當他們就要涉及關鍵問題的時候，那輛轎車已經在樓下等候接霍福德去機場。

一行人全部擠進車，繼續談判，以便最後解決問題。當轎車在終點停車的時候，霍福德不得不做這筆猶太人安排好的交易。

聰明的猶太人為什麼能夠讓霍福德乖乖就範呢？

因為猶太人從一開始就知道了霍福德的行程，而霍福德卻不知道他的談判對手的行程。猶太人站在霍福德的立場上，正確地猜想到霍福德不會讓自己空手而歸；而霍福德沒有站在猶太人立場上思考問題，只好付出了沉重的代價。

再來說一個故事：

有一段時間，我經常要去某地出差，都是住在同一家飯店。慢慢地和老闆熟悉了，老闆承諾，以後每次都會給我八折優惠。

這天，我像往常一樣走進這家飯店。飯店的老闆告訴我，今天的房價是平時的三倍。原來是當地舉辦廟會，飯店的生意

在廟會舉辦的兩天時間內，生意會出奇地好。

當然，我不願意付這筆錢，但我想如果把老闆訓一頓，說「你這個人不厚道，沒信譽，不僅不幫我打八折，還要提高費用」。如果這樣的話，老闆即使知道自己錯了也不會願意改正，因為人是要面子的。為此，我立刻想到要站在他人的角度想問題。

我對老闆說：「你把我的房價提高三倍，作為老闆，你希望飯店多賺一點錢，如果我是你的話我也這樣想。現在讓我來幫助你分析一下，房價提高以後你是多賺錢了，還是少賺錢了。看起來房價提高你多賺錢了，但這麼高的房價只有這兩天的廟會，只租一個晚上別人租得起，我要租同樣租得起。但是，以後我還會來這家飯店嗎？我這一走對你來說失去了一個很重要的生意，而且我是做生意的，如果我宣揚出去，誰還會來？相反，如果我將你今天沒有對我加收房價的事情宣揚出去，等於是幫你做了廣告，讓很多人都知道你是一個誠信的人。如果你今天把房價提高了，你不但失去了生意，而且也不會有這樣好的機會，你覺得提高房價好還是不提高房價好呢？」

老闆考慮了一下，認真地點點頭。依照約定，幫我打了八折。

為什麼呢？

當你站在別人的角度幫別人思考問題的時候，別人同時也

下篇　認識他人，與他人互動

會站在你的角度幫你思考問題。

人與人之間的互動，總是存在許多分歧。當分歧存在的時候，要學會站在對方的立場看問題，這樣就可以知道他們在想什麼、想得到什麼、不想失去什麼。再根據對方的立場，尋找解決問題的方法。

人性的劣根性決定了人的大腦中只能考慮到自己、只能看到自己。要實現有效溝通，需要避免人性的劣根性，需要轉變觀念，學會站在對方的立場看問題。

只有站在對方的角度考慮問題，你才能了解對方的思想立足點、意識支撐點，才能對對方有個基本的了解。在各種互動中，你就可以從容應對。

圍棋高手在比賽的過程中，常常扮演兩個角色──對方的進攻和己方的進攻。只有這樣，才能確定對方出什麼招，大概就勝券在握了。

當然，有太多的人不懂得如何運用這個規則，這是導致他們人生失敗的一大原因。

然而，很多人低估了站在對方的立場思考問題的力量，由此，他們也喪失了許多可以成功的機會，因為他們對別人一無所知。

人性的劣根性，決定我們無法用簡單的對與錯的標準來衡量某一事情。只要能站在不同的角度去思考問題，得出的結果

肯定會不一樣。

因此，當我們思考某一問題時，眼中僅僅能夠看到自己，而完全忽視他人，往往就會失之偏頗，甚至做錯事情。

要實現有效溝通，需要凡事設身處地，換一個角度思考，原本疑惑不解的問題可能就變得豁然開朗了。在思維上，這又稱為逆向思維。

不強求：水到渠成的美好

> 沒有人喜歡被推銷、被強迫，提出建議，將最後的決定權交給對方。

幾天前，在我身上發生了一件非常有趣的事情：

關掉電腦，收拾辦公桌準備離開，接到朋友的電話：麻煩你去我老婆那裡，把家裡的鑰匙拿給我。

他的老婆與我是同事。

憑直覺，我知道他們兩口鬧矛盾了。我無心介入小夫妻之間的矛盾，但問題是，朋友找到了我，我總不能袖手旁觀。

我想撮合他們兩個，說：「你老公在樓下，讓你把家裡的鑰匙送下去。」

她拿出來，說：「我不想理他，麻煩你幫我送下去。」

下篇　認識他人，與他人互動

看來問題還不小。

這件事過了有半個月，偶然的機會，我對劉欣說：「小夫妻床頭打架床尾和。」

我是在試探他們矛盾解決得怎麼樣了。

後來我才知道，他們的矛盾由來已深。

劉欣告訴我他們夫妻倆已經一個月沒講話了。

我問為什麼？是吵架了嗎？還是因為什麼原因。

她說，老公的手機用了好幾年了，修了兩次了，該換個新的了。她從廣播裡聽說了一個品牌的手機，功能很多，也不貴。實則是便宜的山寨機，就想買一部給他。跟他說了，他堅決說不要。他想買兩萬多塊錢的手機。她沒經過他同意就把手機買回來了。他不要。兩人就生氣了。她不明白為什麼男人非要用那麼貴的手機？便宜又怎麼了？不是也能用嗎？

原來是這樣。我對劉欣說：「你呀，人家都說不要了，你非要買。再說，男人都是好面子的，誰不想用高級的手機啊！你的化妝品一年兩萬多，你怎麼不用便宜點的呢？」

劉欣說：「那不一樣。化妝品必須用好的，不然對皮膚不好。手機只要能用就行了。」

我只好作罷。

我想對她說：「我們都應該學會站在對方的角度去思考問

題。不要把自己的想法強加給對方。每個人都有自己的思考方式、處理問題的方法、消費觀念。也不要因為自己的想法、行為沒有被對方接受而生氣，這是很愚蠢的。而且，夫妻之間長時間的不溝通、不理睬，更會造成夫妻感情不和諧。」

其實，在現實生活中存在很多這樣的事例，我們總習慣用自己的方式、自己的眼光去要求別人，總想讓別人按照自己的想法做事。這是不正確的。

人性的劣根性，總希望自己凌駕於別人之上，不管是想法還是地位。如果遇到與自己不同想法的人，便會想方設法地修改、強迫對方接受自己的想法，以滿足人性的統一性。

換位思考一下，沒有人喜歡被選擇、被推銷、被別人強迫去做一件事。我們希望的是，能夠發揮主動地去購買，或者按照自己的意願去做一件事，不希望別人從旁干涉，更不用說被強迫了。

美國業務員吉拉德在對業務員進行培訓的時候，說：沒有顧客喜歡被推銷。

吉拉德剛剛說完，其中一個學員站起來，問：「既然沒有顧客喜歡被推銷，那你還在培訓我們做什麼？」

吉拉德說：「這正是你們接受培訓的價值所在。」

接著，吉拉德講了自己朋友的故事。

吉拉德有個做室內設計的朋友安德森，他是一個優秀的設

下篇 認識他人，與他人互動

計師，經常會有一些新奇的設計觀念。因此，整體來說，他的生意還不錯。

他有一個朋友，是個裝修公司的小老闆，有著大批客戶，安德森想透過他的朋友開拓市場，他經常去拜訪他的朋友，向他推銷一些新奇的設計，但是他的朋友從未使用過他的設計理念，一次也沒有。

這讓安德森很苦惱。連續失敗幾十次以後，他意識到自己一定是局限於舊框架裡了，所以沒有成功。這天，他強行要求孩子多穿一件衣服時，遭到了孩子強烈的反抗。他的妻子說：「你不能因為你需要多穿衣服，就決定了孩子也需要多穿衣服，不能把自己的意見強加在孩子身上。」

這給了他很大的啟發。

他挑選出6張自己還沒有完成的設計方案，找到了他的朋友，「我想請你幫我一點忙，這裡有些尚未完成的設計，請你告訴我，如何能夠將它們設計得更完美，以適合你的顧客使用。」

三天後，他的朋友通知他，有兩個顧客挑中了其中兩種設計風格，決定重點開發一下。

後來呢，安德森透過他的朋友，成功地完成了十幾單業務。

沒有人喜歡被推銷，但是他們喜歡聽到別人的建議，而且

將最終的決定權交給自己。

通往羅馬的大路有很多條。作為指路人，你需要建議他走哪一條路，而不是決定他走哪一條路。最終的決定權只有一個人，那就是前往羅馬的人。

要實現有效溝通，不能強迫他人接受你的觀點、意見、思想。不管是夫妻之間、朋友之間、同事之間、還是主管和下屬之間，甚至包括家長和孩子之間，都應該學會接納、包容，更重要的是理解他人的想法、尊重他人的選擇。

人性決定每個人的主角是自己，人都會對自己的想法抱有更大的信心，對別人提供給你的想法，在心中只能作為一種建議。相比而言，每個人還是會對自己的想法有更大的信心。

如果你要將自己的意見強加於人，等於讓別人對自己的信心削弱，轉而對你有更大的信心，這與人性是相互衝突的，注定很難能夠實現。

強迫的意見，如果確實正確，事實終會證明這一點。但是如果你的意見不對，你非得強迫別人接受，別人要麼不大願意接受，要麼接受後對自己產生不利的後果，那你的強迫豈不是變成了一種罪過？

因此，我們需要採取一種更好的策略：只向他人提供自己的看法，將最後的決定權交給對方，讓對方覺得那是他們自己的主意。

下篇　認識他人，與他人互動

同理心的力量：站在他人角度看世界

用真誠的態度表示對對方的理解、認可和同情。

在前面的小節中，我講到要站在對方的立場上看問題。一個人只有從鏡子裡才能看到臉上的黑痣，站在鏡子前面，就是最好的方式。

站在對方的立場上，就如同站到鏡子前，可以看到自己臉上的黑痣，這僅僅是實現有效溝通的第一步。如何讓臉蛋與黑痣之間實現和諧，讓黑痣不會成為影響你展現自己美麗的因素，而是讓你更漂亮，這才是關鍵。

我想起幾年前的一件小事情：

我的一個人事部的同事，由於人事部人員調動，公司的人事幾乎全部由他負責，任務的繁重可想而知。午休時，他恰好遇到了我，向我喋喋不休地抱怨，抱怨每天需要加班三個小時，中間不能有絲毫鬆懈，老闆是想把自己當牲口使之類的話。說實話，我實在是沒有耐心聽。

我很想對他說：你不要抱怨，抱怨對工作於事無補。在我們公司，一直有這樣一個傳統：女人當男人用，男人當牲口用。你就自認倒楣吧。

當然，這不是最好的辦法，我對他說：「是的，你說得很對，換作是我，我的反應也會和你一樣。公司的人事部人員調

動,幾乎所有的人事工作都需要你一個人擔著,只能把你當牲口用了。但是,這正是你表現自己的機會啊,受任於公司變動之際,奉命於人員缺乏之間,既是挑戰也是機遇,一副肩膀擔起一個部門的重擔,主管會視而不見嗎?」

這句話讓同事幾乎兩眼發光,用力地拍了拍我的肩膀。這句話對他很受用。

一開始時我對他說:「是的,你說得很對,換作是我,我的反應也會和你一樣。」

這句話讓同事的抱怨瞬間消失,而且這句話完全是出於理解他的心理、意願,假如我是他,當然也和他感覺一樣。

「是的,你說得很對,換作是我,我的反應也會和你一樣。」這是一句有神奇力量的語句,一個可以停止爭論、消除怨恨,甚至製造好感,使對方注意聽你談話的一句話。

就是這樣一句話,能夠讓世界上最固執的人,瞬間軟化下來。人性的需求,需要自己被別人理解,特別是一種不同於普通人的想法,更需要得到別人的了解。比如,一個不被身邊的人所接受的人,或者是想法,或者是行為,但不管是何種想法和行為,都有自己的出發點和支持理由。想和他實現有效溝通,首先需要同情、認可他的理由,「是的,你說(做)得對,換作是我,我的反應也會和你一樣。但是⋯⋯」

要記住,那些到你面前抱怨、傾訴,甚至失去理智的人,

下篇　認識他人，與他人互動

他之所以成為這樣的人，責任並不全在他身上。

對這些人，要對他表示認可、理解，不要求你一定要接受他的想法，但前提是要理解。「我無法接受你的觀點，但我誓死捍衛你說話的權利。」這裡，要將這一句話改為「我理解你的處境，但是……」，這是有效溝通的需求。

我們社會的人際關係很複雜。因此，有很多人感慨，做人太難。

幾年前，我的一個鄉下親戚讓我幫他的兒子在我任職的公司安排一個職位。這完全超出我的能力範圍，當時我也只是一個小職員，每天工作八個小時，每週工作五天，每個月拿著不多不少的薪水。這些在我的親戚看來，就是成功了。

很明顯，我無法幫他實現。

後來，他對我的父親說：你的兒子現在混好了，我們是高攀不上了。

我知道，他在生我的氣。

我打電話給他：

你說得很對，換作是我，我也會這麼認為。但是我也在替別人工作，如果他（指親戚的兒子）有公司需要的專業技能，我就是拚了命，也一定幫他謀得一份工作。他現在還只是個少年，應該以學業為重。我保證將來會拉他一把。

與這個親戚冰釋前嫌。

因為道歉，並認同他的觀點，我和他得以冰釋前嫌，讓他同情我的處境。

實現有效溝通，必須要用真誠的態度說出那些話來，假如你是對方的話，你當然有他同樣的感覺。

人性使然，普遍追求別人的理解、順從，希望得到別人的同情。前面我們說過，一些年幼的孩子會急切地顯示他受傷的地方，以得到成人的關心和同情，這個時候，成人在同情的同時，還需要站在孩子的角度上，設身處地地理解孩子需要別人認可自己的心理。

不僅僅是孩子，成人們也有類似的情形，他們會到處向人說明他曾經的經歷，而且這種經歷越是坎坷，越是急切地想表達出來。在這個過程中，他們甚至會添油加醋，極力渲染，說出他們的經歷。「自憐，實際上是一種人的習性。」

在生活中，我們也經常遇到這樣的情形：有人喋喋不休地向你抱怨，而你確實很沒有耐心；你正愁手頭的工作無法完成的時候，主管又安排了一項重要任務給你；你人手不足的時候，有人突然跟你請假……面對這種情況，如果我們直接應對，如向他人表示：「不，這樣不行。」恐怕這不是最好的辦法。但如果我們換一個策略，採用同情他人的意願的原則，如向對方說：「是的……，但是……」這樣效果會明顯不同，可能會出現一個意想不到的結局。

下篇　認識他人，與他人互動

因為，你首先對別人的要求或者意願表示了認可，這等於你滿足了對方的心理，對對方的要求與意願表示了認可，接著又講出了自己的意願，讓對方面對兩種情況自我選擇。

在這種情況下，只要對方是一個通情達理的人，都會做出讓你感覺到舒服的選擇。

站在對方的立場上，理解對方的意願，這是有效溝通的一種方法。

努力與回報：為奮鬥畫下獎賞的句點

> 要實現有效的溝通，改變他人，你需要激發他人高尚的動機。

我有個同事趙德厚，出生在歷史上赫赫有名的猛將趙雲的故里。

從一開始，他給我的印象就很深刻。在生活中，每當他乘坐電梯時，總發現他有這樣一個行為：電梯門一開，他總要讓其他人先進，自己最後進去，如果遇到電梯中有人出來，他必定先讓人家出來，並把自己的手放在電梯門邊，免得讓人家把衣服弄髒。如果進電梯的人多了，超重了，他必定第一個出來，讓人家先走。

每次，我們一起出去辦事，搭計程車時，他必定幫你開車

門,像個紳士一樣。最讓我難忘的是,每次中午我們很多同事一起出去吃飯,吃完飯他總會給大家一張餐巾紙。另外,他本人平時特別仗義,遇到同事尋求幫助,在能力範圍之內,總會盡力幫忙,儼然一個江湖俠客。

後來,趙德厚告訴我,他是趙雲的後人,然後,會將趙雲的英雄事蹟講給我聽。有很多我聽過的,也有很多我沒有聽過的,都是在讚揚趙雲的膽魄和忠勇。每次還不忘表達忠心,立志要做個趙雲一樣留名青史的大人物。

大概在趙德厚看來,自己是一個「柏拉圖」式的理想家,有一個崇高的理想在激勵著自己。

確實如此,趙德厚在工作和生活中非常慷慨、仗義,在同事中的印象很好。

由於他的這種行為習慣,我們大家也慢慢地跟著趙德厚學,久而久之便都養成了一種「為他人服務的思想」。

在平時的笑談中,我們總是說這是「趙德厚效應」。

其實,這是一種高尚動機的心理行為,因此會引發他人的高尚動機,事實上,這是一種人性行為。比如,你在鏡子中看自己的時候,都會覺得自己與眾不同,這不是自戀心理,而是內心的一種潛在的高尚情結。

李偉是一位做房屋仲介生意的,有一間房源的主人威脅李偉,告訴他:「如果再找不到一個長期的租戶,我將把房源介

下篇　認識他人，與他人互動

紹給其他的房屋仲介，讓他們從中收取仲介費。」

這間房源的主人，在兩年前將房子交給李偉的仲介公司，敲定價格之後，讓李偉負責幫他聯絡租戶。然而，短短的兩年之內，這套房源先後有 6 家住進去，儘管都簽訂了一年的合約，但卻沒有住到約定的期限，紛紛毀約離開。

這樣，為李偉的公司帶來不少收益，但卻惹怒了房源的主人，因為他需要三番四次地從幾百里之外趕過來簽合約。

這也讓李偉非常生氣，他與房源的主人簽訂了三年的仲介合約。

「如果在以前，我會跑到房客那裡，讓他把合約再讀一遍，我要指出，如果他毀約，需要根據合約規定補償我的損失，而且要求最大限度的補償。」

「可是我沒有那麼做——不能把事情搞壞。」他決定使用別的方法。他說：「多年的仲介生涯讓我對許多人的品格有很大的了解，我認為你是一個守信的人。實際上，你的確如我想像的那樣，兩年的合作，你從來沒有過不誠信的現象。」

「現在，我的建議是這樣：我們重新規劃一下合約，我寧願吃虧，也想留住這樣一位誠信的客源，這是我的公司賴以生存和發展的基礎。」

短短的三天之後，我們重新簽訂了合約，而且將還剩一年的仲介合約延長為三年。

人之初,性本善。從人性的角度出發,當一個人在進入新的一個領域時,他的人性以一種原始的善良狀態為出發點,任何事情都是抱著一種善良,美好的動機去工作、去學習、去交友等等。

例如,新到一個陌生的環境,總是希望讓別人留下一個好印象,希望摒棄掉以前的種種惡習,做出改變。這是人性善良的一面。

而後天環境的變化,才造成了各種行為的差異,導致背離「善」的現象。

美國金融龍頭摩根(Morgan),不僅是一位卓越的經濟學家,更是一位心理學家。他說:一個人從事一件事,通常有兩種理由,一種是真實的,一種是高尚的,而高尚的動機則往往更具驅動力。

因此,要改變人,需要激發別人高尚的動機。

一位保險公司的主管,為了能夠提高手下員工的工作效率,常常會送一些管理方面的書籍給下屬。他告訴員工:努力開拓業務,是為了有能力去管理別人。

管理別人是一種高尚的動機,這一句話給他的員工無形的動力,激發了他們的高尚動機,並且將團體的鬥志帶到最高點。

人際溝通中,高尚的動機是做給別人看,還是想得到幾句稱讚呢?還是完全發自內心的呢?

下篇　認識他人，與他人互動

其實，從人性的角度來說，高尚的動機不需要具有表演的性質，不需要做給誰看，更不是要得到誰的幾句讚揚。高尚只是一種品行，是一種日以累積的一種行為習慣。

然而，溝通交際中，很多時候，當我們發現對方動機不良、不懷好意時。戒備心會促使我們還擊，而還擊的方式通常為一針見血地向對方提出挑戰。

這並非是一種理智的方式，這只會激化對方的不良動機，在人性的驅使下，採取更加激烈的方式。這種行為不免會引發一種衝突，對方反而變本加厲，這樣自然不會有什麼好結果。

但如果我們換一種做法，在他們產生不良動機時，以一種高尚的動機讓他人將這種不良的動機自行泯滅，並隨之讓高尚的動機產生強大的驅動力，產生一種良好的效果，在這種情形下，很多事情就變得容易溝通與解決了。

比如，在擁擠的公車上，一位抱著孩子的媽媽上了車。而孩子的旁邊正好有一個人，他不想讓位，將臉故意轉向窗外，動機是不願意讓位子。

而作為公車駕駛員，提醒乘客向老人、孩子讓座位是一種責任。你會怎麼樣進行呢？

「先生，您好，請把座位讓給孩子，謝謝！」

這並不是最好的辦法，即使位置上的人站起來，也不是心甘情願的。

如果駕駛員換一種方式：小朋友，這位叔叔太累了，讓他坐一會，休息好了他就會讓給你的。

相信這句話一出，座位上的人就再也坐不住了。

這就是高尚的動機。駕駛員對座位上的乘客採取了尊重禮讓的方法，替他設計了一個「高尚」的角色：他是一個善良的人，只是由於過度勞累而無法施善行。趨善心理使座位上的人無法拒絕扮演這個善良的角色。

人性都喜歡把自己理想化，都喜歡把自己行為的動機賦予一種高尚的動機。因此，如果我們想改變他人，就應該使之產生一種高尚的動機。

舞臺效應：用表現力贏得共鳴

> 為了更好地實現有效溝通，必須學會利用表演藝術。

這天，妻子在看一部韓劇，劇情的結尾有點悽慘，天空飄起小雨，男主角孤獨地拎著行李箱離開，再加上悲慘的音樂，妻子竟然在抹眼淚。

一個虛幻的故事，能讓現實中的人抹眼淚，依靠的就是表演藝術。

一位英國作家曾經寫過這樣一篇短篇小說：

下篇　認識他人，與他人互動

　　艾倫是一位中產階級家庭主婦，她邀請自己的朋友來家裡做客。為此，她認真地準備要舉辦的家宴、仔細地挑選宴會上要使用的餐具、精心地打掃她的房間，讓房間的每一個角落一塵不染。並挑選合適的衣服，極為細膩地梳妝打扮等。

　　這一切都在她的心中計劃得天衣無縫。當然，這些努力都是表演，目的是想留給客人一個良好的印象，讓客人覺得她是一位富有魅力、和善而稱職的家庭主婦。

　　在宴會上，她熱情大方地招呼著每一位客人，盡量避免單獨和某人談話而冷落了別的客人，注意對出現的任何意外情況表現出寬容態度，極力掩飾自己的疲勞或對個別客人的不滿情緒。

　　然而，這一切在客人們全部走光後，全部消失。

　　艾倫一反溫柔賢惠的舉止，用力踢掉高跟鞋，懶散地倒在沙發上，衝著丈夫大聲地發洩著自己的不滿。

　　生活中，所有的人際溝通中都包含著這種表演的藝術成分。年輕男女在異性面前，不遺餘力地展現自己的才華與美貌；模特兒在鏡頭前賣力地表現最美的一面；下屬在主管進來時盡量表現出忙碌的樣子，這都是一種表演藝術。

　　社交場合是一場表演，社會就好比一個舞臺。

　　曉琳是公司人事部的員工，一次由於工作的失誤，對我造成了很大的麻煩，公司的績效考核亂如麻，我的憤怒可想而知。

管理公司，一直參照規章制度。根據制度，曉琳可能要面對被開除的危險，儘管她一直給我不錯的印象，但卻是讓我很生氣。

我把曉琳叫到了辦公室，期間，事情的發展是這樣的：

說實話，我並不想開除曉琳，但是我覺得，既然有規定，就應該依章辦事，不然公司的管理就大亂了。

我正在考慮怎麼跟她說開除的事情。

出乎我的預料，曉琳居然站在那裡小聲啜泣起來，看起來滿臉委屈。看到曉琳苦得梨花帶雨的，我再也不忍心開口說辭退她的事情，先前的怒氣也漸漸平復，我從桌上拿了一張紙巾給她，說：「你別哭了，這件事到此為止，以後不准再發生類似的事情。」

事後，我意識到我當時感情用事了，被曉琳聰明的表演藝術擾亂了心智。不僅沒有開除她，甚至連基本的責備都沒有。

曉琳關鍵時刻的表演藝術，讓自己免於嚴重的懲罰，這不能不說表演藝術在關鍵時刻幫了大忙。

當然，需要解釋一下，表演藝術分兩種：一是不知道自己在表演，即不自覺的表演；另一種是知道自己在表演，即自覺的表演。

表演並不能被單純地被認為是「好的」或者是「壞的」，表演藝術的好壞很難下定論。

下篇　認識他人，與他人互動

過後不久，我認為曉琳當初的表演是正確的，不然我可能會損失一名優秀的員工。

三國時期的劉備，是個偉大的表演藝術家，可以說越到關鍵時刻，他的表演藝術越能發揮作用。他的表演藝術能打動很多人，勾起很多人的同情。在表演藝術的渲染下，很多人對劉備不離不棄，甚至願意為他付出自己所有，這便是表演藝術的作用。

如今，是一個表演的時代，只用現實中真實的面目表現自己的方式明顯不夠了。如果你想使自己更出色，你必須運用喜劇的表演方式。其中，可以透過電影、電視、廣播等形式，吸引顧客的眼球，訴諸觀眾的視覺和聽覺。

我在一本書上看到過這樣一個關於創業的勵志故事：

故事的主角在事業剛剛起步的時候，只有一個小商鋪，坐落在一條鮮為人知的街道上，生意很不景氣。後來，他經過苦思冥想，制定了一連串的宣傳計畫，因為資金有限，只能透過當地電臺的形式進行宣傳。

他花了一些錢在電臺上播放了十遍十秒的廣告：

本週六上午十點到下午五點，青年街口的膠水廠將舉行大力士比賽：誰能把一枚用強力膠水黏在牆上的硬幣拆下來，將給予獎金一萬元，絕不食言！」

這個消息不脛而走。

當地的電視臺進行了大力宣傳，幾天之內，傳遍全城，很多人都躍躍欲試。

約定的時間到了，人們將店鋪圍得水洩不通，當地電視臺的 SNG 車也開來了。小老闆拿出一瓶強力膠水，將硬幣的一面塗上一層膠水，將它貼在牆上。三分鐘之後，人們一個接一個地上來試運氣，結果硬幣紋絲不動。很快，這件事被宣傳了出去，短短三個月的時間，這種膠水傳遍各地。

這就是表演藝術的作用。

人的本性，容易受到外界情緒的感染，對一些高於人性情感承受力的現象，容易分泌出一種感性因子，這種感性很容易失去控制，容易受到情緒的控制。

人際溝通的過程就是人表演自我的過程，但這個「自我」並非真實的自我，而是經過喬裝打扮了之後的「自我」。這種「自我」源於生活，卻高於生活。

因此，溝通高手實際上是帶著符號製作的「假面具」的表演藝術者。

這不能用社會價值觀去衡量，所謂的「假面具」通常要與社會公認的價值、規範、標準相一致，否則便得不到觀眾的認可，更難贏得他們的喝采。所以，帶著「假面具」表演的意義不完全在欺騙，它還具有約束真實自我所固有的衝動、不安、隨心所欲等非社會化因素的作用。

用最簡單的一句話：世界上其實根本沒有感同身受這回事，針不刺到別人身上，他們就不知道有多痛。

但是為了讓被傷害者接收到同情的訊號，必須要利用表演藝術，達到「感同身受」的效果。

人性的本質，使我們喜歡那種說話直言直語、乾脆果斷的方式，但有些場合，我們如果直接表達自己的意圖，則可能會得到相反的效果。

因此，在這種場合下，你需要收斂起人性的本質，戴上面具，利用表演藝術讓自己的意圖充滿戲劇性。比如，吸引他人的注意、改變他人的意願，這樣你的意圖就不知不覺地滲入到對方的腦子裡。由此你也許會獲得一份戲劇性的收穫。

每一個政客都是表演家，很多事情都需要我們使之更生動，更有趣，更加戲劇化，因此，必須恰當運用表演的藝術。

競爭的火花：激勵成功的捷徑

> 要實現別人按照預期的目標前行，你需要激發他的好勝心——這遠遠勝過責備、懲罰、表揚等方式。

在一個普通的家庭裡，電視裡正在播放電視連續劇《西遊記》的主題曲，一個兩歲的小男孩心裡充滿熱情，沉浸到音樂之中。

歌唱完之後，小男孩略帶幾分挑釁地對爸爸說：我也會彈這個曲子。

小男孩的爸爸微笑著說：那當然，我的兒子是聰明能幹的，是會彈這個曲子的。

在爸爸的鼓勵下，這個小男孩坐到了鋼琴前面彈了起來。說來也怪，雖然沒有學過音樂，歌也只聽了一遍，小男孩卻幾乎把這首歌的大部分旋律都彈了出來，具有極高的天賦。

這個小男孩就是現在享譽國際的鋼琴王子。

有一個小學美術老師，天天在家裡備課。兩歲的小兒子經常在一邊默默地看著媽媽創作。

有一天，孩子看著看著，竟然跑過來去搶媽媽的畫筆，也要畫畫。

小孩子明知自己不會畫畫，也明知媽媽知道他不會畫畫，但卻突如其來地宣布自己會畫畫了。媽媽意識到，這正是孩子好勝心、自信心的天然流露，是極其可貴的心理特質。

在媽媽的鼓勵下，他開始「塗鴉」，後來又興致勃勃地學起畫來。這個小男孩，就是後來的日本漫畫大師冨樫義博。

激發別人的潛能，最好的方法是激起競爭。這裡的競爭不是勾心鬥角的競爭，而是獲勝的欲望。

著名管理學大師杜拉克，在他的筆記中，記錄了這樣一件事：

下篇　認識他人，與他人互動

1985年，日本進口車在美國市場的占有率節節上升，GM（通用汽車公司）已被很多人譏諷為廉價品，到了真正山窮水盡的地步時，通用汽車公司考慮了我提出的方案。

GM 的落後是因為各個環節都落後於日本汽車製造商，尤其是售後服務方面，一輛車需要花費四到五個小時的時間才能完全解決，總是不能完成指標。

我一直在考慮：這是怎麼回事？像 GM 這樣一個大集團，聚集了當時世界上能力最突出的檢修師，不能使售後服務完成修理指標嗎？

GM 後勤保障部主任告訴我：我幾乎用盡了所有的辦法、利誘、激勵，甚至威脅，將開除的方法都用上了，但怎麼樣也產生不了效果，檢修的效率依舊低下。

這個時候，正好是中班結束，輪到晚班的工人前來。

我看到告示板上寫道：效率是企業的生命力。

我擦掉這句毫無用處的標語，轉身問身邊的工人，你們這班今天檢修了幾輛車？工人告訴我，兩輛車。

我在告示板上寫道：中班檢修兩輛汽車。

然後走開了。

次日清晨，早班工人上班時，看到了這一行字，內容已經改成了：中班檢修三輛汽車。

過了幾天，我到檢修部門查看的時候，發現告示板上的字改成了：中班檢修九輛汽車。

後來，檢修部的負責人告訴我，每天上班前，工人最關心的問題是告示板上的數字，他們熱情而又緊張地工作。有天下午，早班的人下班之後，將告示板上的數字改成了 10，並唱歌表示慶祝。

不久之後，GM 一度減少的市場占有率，逐漸回升。

杜拉克的方法是什麼？

我的方法很簡單，激起他們的好勝心，這就是問題的全部答案。

人性都有一種想「看到自己的價值和成長」的傾向，這本身就是對人性最好的激勵。

生活中，每個人都會非常在意自己的存在、自己的價值是否得到了呈現。想使別人順從你、按照你的想法發展，需要設法激起別人的好勝心、改變別人的工作動機。即由外在的工作動機，轉化為內在的好勝心。

實現有效溝通，讓別人按照自己預期的方向發展，要學會激起別人的好勝心。

不要說「他根本不聽我的」、「我無法駕馭他」之類的話。每個人都是特殊的個體，是獨立的個體，都有自己的個性，不會聽你的，也根本不會讓你駕馭。

下篇　認識他人，與他人互動

同樣，你也不需要駕馭對方，不需要讓對方聽你的，你只需要讓對方按照你預期的方向發展即可。如果你駕馭住了他，讓他聽你的話，但卻失去了主動性，這樣對方的動力就會蕩然無存。

另外，當他被你駕馭，看你的時候用一種緊張、害怕的眼光，不但想法僵化，甚至還會起反作用，結果只會走向好勝、自信的反面──自卑，而自卑、膽怯是制約人性發展最嚴重的心理障礙。

人性都有爭強好勝的一面，喜歡表現自己、證明自己的價值，而這正是你激起對方好勝心的關鍵所在。

任何成功的人士和有能力者，他們都具有一種能力──將機會擺在別人面前，給別人一個表現自己的機會，證明他的價值──而成功人士和有能力者，需要做的是──該做什麼做什麼，等待著對方傳達好消息。

人際溝通中，很多事情，當我們依靠責備、懲罰、表揚等方式解決不了的時候，我們可以考慮這樣一種策略──向他人提出一種挑戰，然後讓他們自我面對。

在一頭驢子前面放上一把青草，比從牠後面用鞭子抽牠，效果要好得多。從後面抽牠，牠可能會前進，但可能會走向錯誤的方向；在前面放一把青草，牠自然會跟著青草走，方向自然由青草掌握。

給他人一種挑戰，他們更清楚自己眼下的處境，更明白自己應該怎麼去做。

激發他人的好勝心，能夠使他產生一種向上的精神，這是一種非常有效的方法。要實現有效溝通、完成預期的目標，需要激起競爭，當然不是勾心鬥角的競爭，而是激起人性潛意識中求勝欲望。

激發行動：找到他人的動力

> 了解對方的欲望，滿足對方的需求，這是成功實現溝通的重要條件。

有一天，杜拉克的顧問公司走進了一個臉色沉重的人，他直接找到杜拉克。

「我和我公司員工的關係鬧得很僵，儘管他們很少從口中說出來，但是我能感覺出尷尬的氣氛，這讓我很壓抑。我曾經透過很多種方式試圖擺脫尷尬的氣氛，比如出去旅遊、探險等，經常幫他們購買一些日常用品，但公司的氣氛似乎一直不怎麼樂觀。」這個臉色沉重的人說道。

「另外，我敢做出保證，他們的薪水絕對不低。」這個人又補充了一句。

杜拉克沒有直接給他答案，而是對他說了一個故事：

下篇　認識他人，與他人互動

每天夏天，我都會去密西西比河度假、旅遊，那裡的風景好極了。其中，在密西西比河釣魚是我最享受的事情。我個人非常喜歡吃奶油蛋糕。但是，我知道魚的本性，牠喜歡吃蚯蚓。因此，當我釣魚的時候，我不會在魚鉤上掛上我愛吃的奶油蛋糕做魚餌，而是掛上一條蚯蚓做魚餌。這樣，我恰好滿足了魚的需求。相信如果我掛上奶油蛋糕之類的魚餌，肯定不會釣到任何一條魚。

杜拉克說完之後，對他說：使用我剛剛說的方法，如果有效果，寄一張支票給我即可。

兩個月之後，杜拉克收到了一張 20 萬美元的支票。

蚯蚓能夠滿足魚兒的需求，在人際溝通的過程中，為什麼不能用同樣的常識呢？

我的外甥，小小年紀就出現了嚴重的偏食、挑食現象，經常是這種蔬菜不吃，那種蔬菜也不吃，這讓他的父母很苦惱。營養不良的他，像個小蘿蔔似的。

這天，在公園裡陪他踢足球，我問：「你長大後準備做什麼？」

他回答說：「做個像梅西一樣的足球運動員。」

我說：「你知道梅西的腳法為什麼如此靈活？運動天賦為什麼如此出色嗎？」

他搖搖頭。

激發行動：找到他人的動力

我說：「因為梅西的營養均衡，不會挑食、偏食，哪像你一樣，這也不吃，那也不吃，瘦得像根豆芽一樣。不看你的技術，單憑你的身體，就無法加入足球世界。」

從那以後，他再也沒有出現過挑食、偏食的現象，還用自己累積的零用錢購買了一本食譜，讓媽媽參照食譜的方法做給他吃。

當足球運動員的條件是他所需要的，他知道如何做才能夠實現。

人際溝通中，能夠影響他人的方法是談論他所需要的，並滿足他的需求。

美國心理學家馬斯洛（Abraham Maslow），經過長期研究，把人的需求分成生理需求、安全需求、歸屬與愛的需求、尊重需求和自我實現需求五類，由較低層次逐漸排列為較高層次。各層次需求的基本含義如下：

生理上的需求是人類維持自身生存的最基本要求，包括呼吸、水、食物、睡眠、生理平衡、分泌、性等需求。這是人的基本需求，是推動人們行動最首要的動力。馬斯洛認為，只有這些最基本的需求滿足後，其他的需求才能成為新的激勵因素。

安全上的需求包括人身安全、健康保障、資源所有性、財產所有性、道德保障、工作職位保障、家庭安全等。

下篇　認識他人，與他人互動

這些是人的感受器官、傳向作用器官、智慧和其他能量的需求。和基本生存需求一樣，當這種需求一旦相對滿足後，也就不再成為激勵因素了。

情感和歸屬的需求包括友情、愛情、性親密等。這是感情歸屬的需求，這種需求比勝利的需求要複雜得多，滿足的方式也是多種多樣。

尊重的需求包括自我尊重、信心、成就、對他人尊重、被他人尊重。這是人性中高層次的需求，當人性達到一定的成熟階段，需要得到來自外部的認可。比如，希望自己有穩定的社會地位，要求個人的能力和成就得到社會的承認。

這裡，對尊重的需求又分為內部尊重和外部尊重。內部尊重是指一個人希望在複雜的社會大環境下自身具備實力、能勝任自己的工作、充滿信心、獨立自主。外部尊重是指在複雜的社會環境下，能夠得到來自外界的認可和尊重。馬斯洛認為，尊重需求得到滿足，能使人對自己充滿信心，對社會滿腔熱情，體驗到自己活著的用處和價值。

最高層次的需求是精神層面上的追求，來自自我實現的需求，包括道德、創造力、自覺性、問題解決能力、公正度、接受現實能力等人性潛層次的滿足。是指建立在外部條件上的實現個人理想、抱負，發揮個人的能力到最大程度，達到自我實現境界的人。

這些需求因人而異，因外部環境的變化而變化。

人際溝通中，在潛意識裡，你要求某人去做某事，在你與他溝通之前，你需要了解一下：我怎樣能夠使他「要」做這件事？他做這件事的需求是什麼？想得到些什麼？

這些問題可以防止我們匆匆忙忙去見某人，無結果地談論我們的欲望。

人性是自私的，做某件事的動力是「為了⋯⋯」而不會平白無故地去做，如果你要求他去做某件事，而不能夠實現人性的「為了⋯⋯」，無法滿足別人的需求，找不到支持的理由去做某件事。

比如，你患了嚴重的感冒，走進一家醫院，醫院的醫生認識你，知道你是一位有名氣的人物。他沒有關注你的病情，而是極力地吹捧你的能力、名氣，完全不顧你此時的需求，相信你會非常氣憤。

正在承受病毒折磨的你，潛意識裡是對健康的追求，而對方則極力地滿足你的「被他人尊重」的需求，儘管「被他人尊重」屬於更高層次的精神需求，但此時並不屬於你的根本需求，相信這位醫生無法滿足你的需求。

只有能設身處地地去了解他人的需求、了解他人心理活動的人，才能最大限度地滿足別人的需求。

社會生活中，每個人都有自己的需求。人性的自私性讓很

下篇　認識他人，與他人互動

多人做事往往只關注單方面強調自己的需求，而忽略或不顧他人的需求。人性需求是需要雙方共同實現的需求，只有雙方實現彼此的需求，這才是人際有效溝通的條件。如果單方面強調自己的需求，忽視或不顧他人的需求，他們反倒無法實現自己的需求。

管理者分為卓越的管理者和普通的管理者，為何有些人能成為卓越管理者，業績顯著，而有些人只能是平凡的主管呢？因為卓越的管理者善於從考慮下屬的角度作為出發點，而後者只是想到實現自己的目的，沒有考慮下屬的需求與反應。人際溝通中的很多事例都在於你能否抓住對方需求、滿足對方需求的能力。

符號的距離：問號與驚嘆號的差別

> 命令具有剛猛的力量，但容易折斷；建議具有強大的軟實力，更有助於解決問題。

去年，我請了一個裝修公司修整廚房，公司派出五個裝修工人到我的家裡。

開始修整的第一天，把院子裡弄得亂七八糟，到處是油漆和木頭屑。下班的時候，他們沒有清理就急匆匆地離開了，這讓我妻子很不滿意。

符號的距離：問號與驚嘆號的差別

妻子要我明天告訴這些裝修工一定要把院子清理乾淨之後才離開，否則就扣發他們的薪資。

我知道，這根本行不通，我們的合約中可沒有說明這一條。另外，他們的裝修技術都很不錯，修整的部分讓我也相當滿意。

後來，我使用了這個辦法。我找來掃帚和拖把，把木屑清理乾淨，堆到院子的角落裡。

第二天早上，他們幾個人趕到後，我把工頭叫到一旁，對他說：「昨天你們把前院清理得那麼乾淨，讓我很高興。你們以後在收工的時候，都能這樣做就太好了。可以嗎？」

工頭點點頭，說：「沒有問題，我們一定幫你清理得乾乾淨淨。」

接下來的四天時間，工人們每天收工之後，都把木屑堆到院子角落。我的妻子再也沒有因為這個發過火。

我只是稍微地向他們提了一下建議，並作了一個榜樣而已，問題便會迎刃而解。

有一段時間，公司的業務非常繁忙，包括經理在內的所有員工全體加班。

經理將一疊厚厚的資料交到我一個同事的手中，說：「明天上班之前，把這裡面的資料做成電子檔交給我。」

連日來加班導致心情煩躁，同事很不高興地發了一句牢

下篇　認識他人，與他人互動

騷：「我桌上的資料已經快把我埋起來了，你現在又交給我一項任務，我根本完成不了。」

職場上嚴明的上下級關係，不允許下屬冒犯上司。

出現這種情況，一般的上司肯定會覺得丟了面子，尊嚴受到挑戰，然後拿出上司的威嚴：「你必須完成，這是命令。我不管你手頭有多少工作，但這一件你必須給我完成。」

命令就好比是法律一樣，有著強大的強迫性。「必須做」或者「一定不能做」等帶有強制性的性質。

相信在強大的如法律一樣的規定面前，下屬一定不敢拒絕這樣的話，但可以確定的是，他一定不會痛快地把它做好。

然而，我的那位上司卻沒有那麼做，而是採取了另外一種效果。

當同事說完這句話後，身邊的幾個同事不約而同地轉過臉，等待著上司的反應。

經理頓了頓，說：「這樣的事情我也不願意做，連日來的加班的確很辛苦。我十分理解你的工作負擔，也知道每個人都不輕鬆，尤其是你，資料方面的工作繁瑣且量大。但問題是，現在這一份關於彙整資料的差事似乎只有你最勝任，不然能怎麼辦呢？」

上司的一句話讓我們幾個人頓時舒了一口氣。

「看來我又要面臨新的壓力了……」同事微笑著說道。

建議的方法，具備一種讓人無法拒絕的軟力量。人性尊崇一種平等，平等交流、平等溝通。如果受到外來的一種強大的壓力，會本能地產生排斥。強大的壓力是一種對自尊的挑戰，會激起強烈的反抗意識。

建議具有緩解人性的反抗意識，讓人感覺到一種自重感，促使人放棄反抗，選擇接受。

建議是一種強大的軟實力，在建議的作用下，能夠激發人強大的潛力。

使用建議的方法，一家生產爐具的了老闆接下了美國的一份大訂單，他是如何做到的呢？

全球性的經濟危機，讓美國遭受前所未有的重創。以往美國街頭林立的餐廳，變得非常清冷。很多的上班族不再像以往那樣，在餐廳裡面消費，轉而依靠自己做飯來緩解經濟壓力。

在這種大背景下，一家生產爐具的工廠收到一份從來沒有過的大訂單，訂單不僅有技術上的要求，還有時間上的要求。按照工廠的實力和能力，根本無法按期完成。

他沒有立刻發布徵才消息，徵求技術人員和生產人員，而是召集所有的工人開會，向他們說明情況，並解釋這份訂單對他們和公司的重大意義。

「我們有沒有辦法去解決技術上的難題？因為我們技術研發人員有限，我也不想讓大家太辛苦。」

下篇　認識他人，與他人互動

「有沒有辦法解決訂單時間的問題？因為生產人員都很辛苦，能不能調整我們的工作安排，克服時間上的困難？」

「有沒有其他的辦法，來接下這個訂單？」

工人們給出很多建議，技術部提出高薪招募短期研發工程師，只需要解決研發問題即可，生產員工願意晝夜加班，直到訂單完成。

後來，如他們所願，公司聘用了一位研發工程師，三天內解決了技術問題。然後支付了一筆佣金，解僱了他，餘下的技術問題由技術部有限的幾個員工日夜鑽研得以完成。訂單順利地完成。這家工廠成為數一數二的爐具生產商。

這次能夠順利完成訂單，是因為老闆使用了「建議」的方法，使員工們感覺「重要」，激發了他們的潛力。

人際互動中，「建議」是一種強大的軟實力，能夠改變他人，而不會激起他人的反抗。

如果你要實現有效地與對方溝通，你需要收起銳氣，放下你的食指，不要對別人下命令，而使用建議的方法。

面子與價值：兩者間的隱形連結

要實現有效溝通，需要保住別人的面子，因為替別人留面子便是為自己加分。

有一個關係很好的女同學，在跟我閒聊的時候，說了一件讓她很困惑的事情：「我的丈夫是個很不錯的男人，在家中，無論我說了多少抱怨的話，他都會微笑而耐心地聽完，可以說對我是寵愛有加。但在公司裡，待我就判若兩人。」

她說道：「有次，我有急事打電話到他公司裡問他事情，他回答的態度一點也不親切，用那種冷淡且不高興的態度，而且不願意多說一句話，哪怕是一個字，盡是機械性一個字的應答，如『嗯』、『哦』之類的，態度非常不耐煩。一開始的時候，我還以為是他遇到了不高興的事情，可是此後一連幾次都是如此。」

「甚至有一次，我去公司找他，我走過去坐在他的身邊，他的態度變得淡漠，冷冷地說『你先回去吧』。一點沒有平時的溫柔感覺，讓我深感受傷。回到家之後，他極力哄我，卻始終不肯告訴我原因。」

說完之後，她問我這是怎麼回事。

先不做解釋，再來說一個事例：

在鋼鐵大王卡內基身上曾經發生過這樣一件事：

卡內基去生產部視察，針對市場上最近出現的「卡內基鋼鐵集團生產的鋼鐵出現了品質問題」進行審查。在審查某個材料的品質環節中發現了問題。

卡內基知道，品質問題對一個企業的生存、發展有著多麼

下篇　認識他人，與他人互動

重大的意義。

　　頓時，怒氣湧上心頭，當著陪同人員的面，大聲質問質檢員，場面相當尷尬。卡內基越說越氣，說：「這是一件非常要命的事情，即使是我家裡的傭人，都不會犯這種錯誤。」

　　本來並不是非常嚴重的事情，但是卡內基的語調以及態度帶有很強的攻擊性，言辭也極為苛刻。

　　事實上，卡內基的意思只是想提醒質檢員在工作中要更為認真和嚴肅，因為市場上鋪天蓋地的負面新聞牽動了他的神經。

　　這名質檢員已經為公司效力了六年的時間，為了使自己不致在同事、主管、下屬面前丟掉尊嚴，對卡內基輕輕地說了一句話：「那你讓你家裡的傭人來做這份工作吧。」

　　頓時，場面更加尷尬。這句話足以使卡內基一生銘記。

　　後來，卡內基在自己的回憶錄裡寫道：

　　這是我犯下的一件極為愚蠢的事情，甚至為此親自寫信給他，表示道歉。他接受了我的道歉，卻再也沒有出現在我的公司裡。

　　再來說一個：

　　在某部電影中，有一句臺詞：誰給我面子，我給誰金子。

　　到了這裡，或許你已經知道上面事例中的原因了。

　　妻子到公司找老公，讓老公在同事面前失去了威嚴感，也

就是失去了面子。老公以一副冷冰冰的表情對待妻子，其實是在維護自己的面子。

卡內基的質檢員，因為丟了面子，毫不留情地離開了效力六年的公司。相信質檢員說出「那你讓你家裡的傭人來做這份工作吧」這句話的時候，丟面子是卡內基，因為他的權威受到了挑戰。

生活中，我們踐踏別人的感情，毫不顧慮地訓斥、指責甚至是謾罵。這個過程對雙方都是一個煎熬的過程。一方面子丟盡，尊嚴蕩然無存；另一方醜態百出，威嚴掃地。

何必呢？即使是一隻狗，也會要面子。如果你對著一隻狗大吼大叫，牠也會對你齜牙咧嘴。

如果能夠採用另一種方法，一、兩句體恤的話，一點點對對方的態度的了解，換來的將會是另外一種結果：一幅溫馨、和諧的場景。

在我們的社會裡，面子問題更被人看重。「人要臉，樹要皮」，這句話道出了人性的一大特點：愛面子。

然而，生活中，我們只愛自己的面子，卻完全忽略了別人的面子。

我曾經親眼看到過這樣一件事：

一個三歲的小男孩，在社區的花園裡和很多小朋友在玩耍。可能小男孩是偷偷地從家裡跑出來的，媽媽並不知曉。當

下篇　認識他人，與他人互動

　　媽媽驚慌失措地看到他時，黑著臉當著眾多社區居民的面，狠狠地打了孩子一頓，很多家長見狀都上前拉開了孩子。

　　倔強的小男孩沒有哭，但是從他眼裡流露出對媽媽的仇恨目光讓我感覺到膽怯，那種目光我從來沒有在一個三歲的男孩臉上見過。

　　周圍的老人沒有責罵小男孩，卻指責起了那位年輕的媽媽。可能是惹了眾怒，年輕的媽媽皮笑肉不笑地表示道歉。招手要孩子過來，卻遭到男孩的拒絕。

　　一個孩子拒絕投入媽媽的懷抱，該是一件多麼尷尬的事情。

　　誰丟了面子？又丟了誰的面子？

　　一個三歲的孩子居然會有這麼強烈的面子心理，何況是成人呢？

　　不要覺得只有我們要面子，全世界的人都要面子，只是在我們的社會，情況更為嚴重而已。

　　面子是人性的一道心理防線，一旦這道防線被攻破，會激起別人強烈的反抗。如果我們不給他人退路，不給他人臺階下，人性的反抗心理會驅使他人採取最本質的行為──自衛。

　　要面子並不是人性的劣根性，而是一種心理需求。愛面子並非一無是處，因為面子，才會遵守一定的制度規章。愛面子的心理，讓人不論在什麼職位上，都會盡自己的努力而不甘落

後於人。很多人要想方設法留住自己的面子，還要想方設法替自己加面子。比如，注重禮貌，讓他們充分體會到自己作為一個人與他人在人格上是平等的；或使用適當的褒獎，讓他們有榮譽感等。

有一位上司，和下屬在一起時，談到另外一個主管，上司隨口說了一句：「他要是能調走，我磕頭都來不及。」恰好這句話被那位主管聽到。由此，兩個人結下了梁子。

上司這句不經過大腦的話，便是讓人丟了面子的話。

與人互動的過程中，面子問題是一個不容忽視的問題。替別人留面子，是一個何等重要的問題，而卻常常被很多人忽略。

面子是一個社會性的問題，不會因為身分、地位而發生變化。主管要面子，下屬同樣要面子。有錢人要面子，窮人也同樣需要面子。

社交場合中，讓別人丟了面子，等於與別人結下了梁子，不利於人際關係的溝通。

鼓勵的奇蹟：讓內心的鬧鐘響起

要實現有效溝通，達到預期目標，你需要用鼓勵去促使對方進步。

下篇　認識他人，與他人互動

　　我的妻子在不久前喜歡上了書法，這源於她有一次去公園裡玩的時候，看到公園裡有位老者手握一公尺多長的毛筆，蘸水在地上寫字。

　　當老者說他從30多歲才開始練習書法時，更加堅定了妻子要學習書法的信念。

　　我覺得，每個人都應該有一個愛好，我選擇支持她。

　　她報了一個書法培訓班，學習書法。初次試學時，妻子很失望，他告訴我：「那位老師說我沒有天賦，寫的字十分醜陋。總之，是不適合學書法，反倒建議我學習舞蹈之類的。」

　　我對她說：「換一個地方上課吧，他根本不具備成為老師的資格，有什麼資格辦培訓機構呢。」

　　妻子只好重新報了一個培訓班，初次試學後，她高興地對我說：「老師誇獎我有恆心，說人都應該有一個愛好，有益身心健康，還能陶冶情操。說儘管我沒有書法天賦，但依靠後天的努力同樣可以有所成就。而且舉了上次我在公園裡看到的那位老者的例子鼓勵我。」

　　最後妻子自信地說：「我現在感覺到前途一片開闊。」

　　當然，我的妻子第二天就把培訓費交了。

　　我想說，兩個老師表達的可能是相同的意思，第一位老師甚至更中肯，但是卻斷了未來的路，第二位老師採取鼓勵的方法，送給別人希望和信心。

不管做什麼，我們都需要鼓勵。鼓勵不僅能夠讓人感覺到自重，還能夠讓人在自信上引起共鳴。

我們需要別人的鼓勵。當然，他人也需要我們的鼓勵。一句鼓勵的話，一種鼓勵的動作，常常是舉手之勞。而舉手之勞帶來的力量，有可能是自己無法想像到的。

這讓我想到了不久前的一件事：

下班回家，上樓的時候，我聽見走廊裡傳來朗朗的讀書聲，這是一個小女孩——丫丫的讀書聲，聲音聽起來像是剛睡醒一樣。我突然想到，不經意間聽丫丫的媽媽說，丫丫要參加學校校慶的演講比賽。我推測丫丫缺乏信心，便想給她一些鼓勵。

可能是聽到了我的腳步聲，停止了讀書，不好意思地望著我。

我也看到了她，便鼓起了掌，她好像有些不好意思，我對她說：「丫丫，很不錯呀，要是信心再足一些的話，就完美了。」說完我就回去了。

幾天後，丫丫看到我，老遠就跑過來，對我說：「叔叔，謝謝你的掌聲，是你的掌聲讓我有了信心，真是太謝謝你了，你看這是我的獎狀。」

看到獎狀上寫著：李丫丫同學，在學校舉辦的「校慶演講比賽」中榮獲第一名，特發此狀，以資鼓勵。

下篇　認識他人，與他人互動

現在，每次看到丫丫，都發現她和以前再也不一樣了，現在的她，做什麼事情都有信心。我高興極了，這畢竟有我的功勞。

是啊，鼓勵他人很簡單，只需要你有一顆真誠對待他人的心。

人性需要來自外在的動力，也容易受到外界動力的影響，比如，一種消極、悲觀的力量會在一定程度上降低人性的活躍，產生一種阻礙的作用。但是積極、鼓勵的動力，則會加快人性的活躍性，讓它處於一種積極、自信的環境中，這種環境為人性帶來的動力是非常強大的。

人性容易受到外在的影響。一個人經常生活在一種悲觀、絕望的環境中，讓心境長期處於這種負面的環境中，人性中的積極、健康，充滿稜角的部分會逐漸被磨平，而心境被外在的消極、悲觀的情緒滲透，蛻變為一種消極情緒。人的行動力通常來自心境，而心境處於一種負面的環境中，導致行動缺乏激進力。

反之，如果人性得到外在的鼓勵，會增加心境的行動力，被一種積極的、健康的情緒所感染，必定會發揮出強大的行動力。

來自別人的鼓勵，和我們每個人都要面子一樣，是非常熱衷於鼓勵，喜歡得到別人的讚許。因此，在人際溝通的過程

中，要實現有效溝通，要時時牢記一個原則：

當你與人溝通時，不要忘記鼓勵別人，告訴別人「你可以的」、「你一定能夠完成任務」、「我相信你」等一些積極性的暗示語言。

這是在鼓勵他人，是在替他人加油、肯定別人，是對別人的一種讚許。這種肯定、讚許同時也會為自己贏得良好的人緣。

美國總統羅斯福說：

與我們本身所具有的成就相比較，鼓勵別人只屬於精神層面的付出。我們只利用我們精神資源的很小一部分，卻會給予別人強大的精神支柱。從人性的角度上來說，人類中的個人就這樣生活著，遠在他應有的極限之內；他擁有著各種強大的、未被發掘的力量，但這種強大的、未被發掘的力量卻未被利用。

不要吝嗇精神層面上很小一部分的資源，這是改變別人，實現有效溝通的一個非常好的方法。假如你要鼓勵我們所接觸的人，認識他們所具有的潛在力量，我們所能做的，比實際上改變的人還多。

鼓勵他人絕對是非常值得的精神付出。

下篇　認識他人，與他人互動

技藝的誕生：每一步都源於行動

> 與人溝通的過程中，要恰到好處地替別人戴高帽，高興了別人，方便了自己。

每個人都有虛榮心，都希望得到別人的誇獎，這是人性的弱點。可以說，無論是誰，從來不會去拒絕別人的誇獎，絕對不會對別人的誇獎感覺到厭惡，除非誇獎的話說得太離譜。即使嘴上說著謙虛的話，但是心裡早就已經樂開了花。

先來說一個小故事：

一位導師問即將走入社會的學生：「到了社會你打算以什麼作為立身處世之本？」

學生自信地說：「我已經做好了一百頂高帽，準備以此立世。」

老師皺起眉頭問：「這話什麼意思？」

學生回答說：「人人都喜歡聽奉承話。時機成熟的時候，我就送頂高帽替他戴上。」

老師很生氣，說：「我教育你多年，要你做人行正走直。沒想到你卻不走正道，太令我失望了。」

學生不急不徐地說：「老師的教誨確是很對，只是現在這個社會，像老師這樣剛正不阿，又不受人吹捧的人，恐怕很少了。」

老師聽了之後，覺得這話很受用，頓時轉怒為喜，連連點頭應道：「那當然，這是為師一貫的做人準則。」

你看出什麼了嗎？

再來說一件事：

大學畢業進入社會，學校舉辦很多面試講座，我參加了其中的一次講座，學到了一些知識，接到一次面試通知，我高興前往。

如今，我依然記得，面試我的是崔主任。

當時的情形是這樣的：

面試通常都會在一種十分緊張的環境下進行，在和崔主任談話的時候，他首先告訴我：「我們都放輕鬆一點，以一種比較輕鬆的心態來面試，不要將面試搞得像閱兵那樣，怪嚇人的。」

幾乎是下意識地，聽完這句話之後，我笑了，說：「學校舉辦面試講座，老師千叮嚀萬囑咐告訴我們面試一定要保持嚴肅。現在的人每天都是神經緊張，能像您這樣幽默的人真的太少了，職場中就是缺少您這樣有幽默感的人，希望以後有機會向您學習。」

後來呢？

後來我就留在這家公司，成為其中的一員了。

第一個事例中，你看出什麼來了嗎？

下篇　認識他人，與他人互動

學生的 100 頂高帽，還沒有走出校門就送出去一頂，被戴上高帽的人就是那個先前嚴厲斥責學生的老師。只可憐這位行得正、坐得直的老師卻渾然不知，還怡然自得。

先前如此正直的老師，居然也會在不知不覺之間被戴上一頂高帽，高帽的威力可想而知。另外，對學生的機智給一個讚。

第二個事例中，我面對一個陌生人，看似一句平平淡淡的話，卻拉近了兩個陌生人的距離，拉近距離的方式就是透過贈送對方高帽。

在佩服這個學生聰明的同時，還要站在老師和崔主任的角度思考一下，從這個老師、崔主任的身上，我們是不是看到了自己的影子？或者乾脆直接設身處地地想一下，如果我們就是那個老師、崔主任，自己會如何呢？

人性需要得到別人的肯定和讚美，這是人性的劣根性。以孩子來說，當我們誇獎他們時，他們會表現得非常高興。然而，儘管事實上，他們不一定具備這種優點，只是我們期望他們做到這點而已。

在人性的驅使下，每個人都渴望贏得別人的讚美和肯定，而高帽正是滿足這種人性的最好的方式，正好迎合了人們的這種欲望。恰到好處地替別人戴頂高帽，高興的是別人，有利的是自己，同時你不費吹灰之力的高帽便能將別人掌握在自己的

手中,為自己所用。

當然,需要強調一點,替人戴高帽的時候,恰到好處非常重要。人都有一個喜歡與別人比較的心理,當你用一種與別人比較的方式來替人戴高帽,這會讓被戴高帽的人有一種優越感,不管怎麼說,能做到這一點,至少你已經將高帽送出去了。

人性的需求,決定了沒有人不喜歡聽奉承話。即使有的時候,明知對方說的是奉承話,是對自己的一種恭維,但人性的劣根性,讓人心中還是免不了會沾沾自喜。

許多商店的業務員都是恭維專家,為了引起顧客的共鳴,提高銷售量,很會選擇時機替顧客戴高帽。

有一次,我去買衣服,旁邊正好有個媽媽帶著孩子在購買衣服,銷售員見到小朋友之後,對年輕的媽媽說:「您的孩子長得真漂亮。」年輕的媽媽會心一笑。

等年輕的媽媽帶著孩子離開的時候,我和銷售員開起了玩笑,說:「你見到每一個小朋友都說他們很漂亮嗎?如果遇到長得不好看的孩子,你怎麼說呢?」

銷售員笑著說:「遇到不漂亮的孩子,我會對家長說『您的孩子長得真像您』。」

我問她:「為什麼你要從別人的相貌方面而不是品德、事業、才學呢?」

銷售員接下來的一席話真的讓我上了一堂課:

下篇　認識他人,與他人互動

　　事業、才學、品德等方面都能替別人戴高帽,但相貌上卻是最直接、最容易的方式。人性的本質讓人對自己的相貌最重視。因為一個人的長相,一眼就可以看出來,不需要去揣摩心理,揣摩對方需要品德的讚美、事業的讚賞還是其他方面。

　　身體消瘦的人,你可以說瘦是這個時代很多人追求的目標;身體偏胖的人,你可以告訴他,有福相;臉上有胎記,你可以對他說「記臉端金碗」;臉上有麻子,你可以對他說『麻子三分貴』……不管怎麼說,都能找到合適的高帽替對方戴上。

　　銷售員戴高帽的能力與方式真讓我佩服。

　　有句話說,看什麼魚,放什麼餌;見什麼人,說什麼話。給人高帽戴也是如此,不能亂戴。對於不了解的人,最好先不要冒冒失失地就去戴高帽。要等你找出他喜歡的是哪一種讚揚,才可進一步交談。最重要的是,不要隨便恭維別人,有的人不吃這一套。

　　說白了,戴高帽就是恭維,只是說法不同而已。同一種意思的表達有的時候卻能夠發揮意料不到的效果。運用一種別人喜歡的途徑,這樣才能順利地將高帽送出去。

　　高帽就是美麗的謊言,要讓人樂於相信和接受,不能像把傻孩子說成天才那樣離譜;帽子一定要戴得美麗高雅,不能俗不可耐,糟蹋自己也讓別人倒胃口;另一方面,便是不可過白過濫,不動腦子,沒一點新意。

潛規則的破冰者：一勺冰淇淋的啟發

> 假定一種優秀的特質，讓他自己去挖掘這種美德。

7歲的英國女孩塞亞非常喜歡吃冰淇淋，一旦吃起來就沒完沒了，因為缺乏自制能力，她常常光顧當地的醫院，甚至有一段時間得了嚴重的腹瀉。

格林夫婦為了糾正女兒喜歡吃冰淇淋的習慣，使用了很多方法，依舊沒有任何用處，甚至一度讓冰淇淋消失在冰箱裡，但塞亞依然會用零用錢到鄰居家購買。

讓格林夫婦非常頭痛的教育問題，困擾了他們許久。

這天，格林和新搬來的鄰居聊天，塞亞也在院子裡騎木馬，當然，格林和鄰居聊天的內容，塞亞能夠聽得非常清楚。

「我的兒子傑克喜歡吃冰淇淋，如何糾正他這個問題，困擾了我許久。」鄰居說。

格林突然想到了一個不錯的方法。

他大聲地說道：「這個你可以讓傑克和我的女兒塞亞學習經驗，塞亞過去也是一個喜歡吃冰淇淋的孩子，但現在已經改正了。現在，她很少吃，除了在天氣熱的時候。塞亞，你過來一下！」

塞亞略顯羞澀地跑過來。

下篇　認識他人，與他人互動

「去告訴傑克，吃冰淇淋有什麼壞處，另外，幫助他改正這個不好的習慣。」格林溫柔地對塞亞說。

這簡單的幾句話似乎擁有一種強大的魔力，塞亞不僅把經常吃冰淇淋的習慣改掉了，甚至會在爸爸媽媽吃冰淇淋的時候，對他們說，「冰淇淋一定要少吃，這是為了你的身體健康。」

塞亞有了自己的名譽問題需要顧全，並且她真的顧全了。她把常吃冰淇淋的壞習慣改變了，她情願自己忍受著，也不願使爸爸和鄰居的傑克失望。

羅斯福是美國偉大的總統之一，他的偉大之處不僅僅是把美國的資本主義從覆亡的邊緣拉了回來，更是他對身邊人的品格的成功改善。

在1936年的總統選舉中，羅斯福的競爭對手是共和黨阿爾夫‧蘭登（Alf Landon）。在競爭中，經過一番爭鬥，蘭登遭到了美國總統競選史上最慘重的失敗。羅斯福的得票率為98.49％，僅次於華盛頓（George Washington）和門羅（James Monroe），成為美國以最高選舉人票當選的總統之一。

上任後，他將自己的競爭對手阿爾夫‧蘭登提名為政府要員，協助自己解決美國國事。

阿爾夫對自己的失敗一直耿耿於懷，對羅斯福更多的是敵視。

派遣阿爾夫為美國在太平洋軍事基地的總司令官,這是一項十分重大的決定。

「你是我見過的最有魄力和意志力的人,誠實可靠、心胸寬廣,太平洋軍事基地的重要事務,只有你能夠擔任。」羅斯福在送行阿爾夫時,這樣說道。

後來,太平洋戰場成為第二次世界大戰的轉捩點,而阿爾夫的貢獻居功至偉。

「普通人,你想消除他的警鐘,那麼你就對他的某種特質表示讚賞,他就很容易受到暗示的引導,從而形成那種令你期待的品德。」羅斯福說。

簡單來說,如果你要在某一方面改變一個人,你就要做出好像那個優點已經是他的顯著特徵之一的樣子,就這麼簡單。

華盛頓是美國獨立戰爭領導者。戰爭爆發後,他被任命為大陸軍總司。他交給屬下安東尼一份任務,讓他監督修築新城的城牆,並規定半個月內完工。

安東尼負責主管此事。有一個工人因為有事拖延了一天,安東尼就逮捕了這個工人的主管,將其關了起來,以示警誡。

這件事情傳到了華盛頓的耳朵裡,他覺得是安東尼太急躁了,犯了錯誤。如果直接指出他的錯誤,肯定會讓他難以接受。

第二天,華盛頓去考察進度,見到了安東尼,華盛頓並沒

下篇　認識他人，與他人互動

有直接提及主管被抓的事，而是和安東尼共同登上城牆，故意左右張望，然後說：「這道城牆修得很堅固，真算得上是一件了不起的功勞。勞動這樣大，進行得很順利，肯定能夠提前完工。而且進行中未曾處罰過一個人，這確實讓人敬佩不已。不過，我聽說你將一個主管工程的人叫來審查，我看大可不必，整個工程進行得這麼順利，出現一點小小的紕漏是不足為奇的，又何必為一點小事影響你的功勞呢？」

安東尼見華盛頓如此評價他的工作，心中甚是高興。華盛頓離開之後，安東尼立刻吩咐下屬，將主管釋放了。

那個小主管之所以能夠獲免，原因大多在於華盛頓的方式。他首先將安東尼捧上了很高的高度，然後就事論事，深得要領，不能不令人拍案叫絕。

人際溝通中，很多人潛意識中都存在順承心理，對那些合自己心意的就容易接受。因此，順應事物的發展規律，巧言遊說，便容易成功。

偉大的劇作家、詩人莎翁說：

假定一種美德，如果你沒有。最好是假定，並公開地說，對方有你要他發展的美德。

給對方一個優秀的名譽去實現，他便會盡力去實現真正的名譽，而不願讓你失望。因此，如果你要在某方面改善對方，就要做得似乎那種特點已經是他的顯著特徵之一。

這種方式利用了「南風效應」,選擇那些合乎對方自我心理需求、樂於接受的溝通方式和方法,引導對方主動進行自我完善。這種方式會讓對方容易接受,心裡會產生一種愉快的感情,激勵自己往這個方向去努力。

任何一個人都不喜歡責罵,指責會對對方帶去失落、灰心、厭煩、牴觸⋯⋯人無完人,出現一些欠缺或不成熟的行為都是正常的,當我們要在某個方面改進他們時,不妨假定一種美德,給對方一種心理上的保障。

潛伏的危機:草叢中的陰影哲學

> 正向的心理暗示,可以為人提供一種精神動力。

說一個幾年前的事情吧!

幾年前,兩個老同學過來玩,我去接他們。遇到老友的第一天,我就遇到了尷尬。

和老友從他們入住的旅館出來,迎面碰到了一個漂亮的小姐,小姐的褲子拉鍊不知因為什麼原因開了。我湊近左邊的同學耳朵,「你看這位小姐的拉鍊,是不是很搞笑?」

我和同學會心一笑。上車的時候,我故意回頭看了一下,發現那個小姐在自己的身上上瞅下瞅,並拿出小鏡子照來照

下篇　認識他人，與他人互動

去。我想，她是受到了我們的暗示。

一路上，另外一個同學的情緒一直不是很高，而且說話的口氣也不是很好。無奈，只好早早地送他們回旅館。

吃飯的時候，另外一個同學問：「今天出門的時候，你們兩個嘟囔了一句什麼啊？我可是猜了一整天了，有什麼話不能當面說嗎？」

此時我才意識到，早晨出門的一句話，讓他疑心了一整天。

誰的錯呢？

每個時代都有一種流行性的傳染病。現代文明社會的流行性傳染病除了浮躁、精神崩潰之外，還有一種最為常見的——疑心病。

我們生活的時代，節奏快、浮躁情緒氾濫的文明社會裡，我們的身心常常有不能維繫的危險。就像一輛豪華的汽車，儘管引擎、排氣管都是最先進的，但因為使用率太高，發動力的來源不純等問題，在強烈的行駛中，出現意外是不足為奇的。

因此許多優秀的人才，在緊張的生活中變得神經兮兮，多愁善感等一些複雜情緒的出現，一點也不足為奇。

疑心病的表現有兩種，一是對別人疑心，二是對自己疑心。

對別人疑心，多半是內心出於安全感的考量，情緒中感覺

受到了威脅，出於自我保護的目的，對別人的行為、語言充滿好奇，這種好奇多半是一些負面的情感。好比站在一個旋轉的風扇下面，總擔心風扇會掉下來，砸到自己或者傷害到自己。儘管風扇確實很安全，但潛意識中依然有這種擔憂。

對自己疑心，是一種沒自信，做事情之前情緒波動大，呈現無規律的情緒變化，是一種對自己沒自信的最直接的表現。比如，儘管風扇在正常運轉，但依然擔心自己會受到傷害，因為自身的原因而受到突如其來的傷害，這是一種對自己的沒自信的情感。

因此，當一個人的情感過於複雜時，他的神經會被一種潛意識中的情緒所影響。這種影響也就是這樣的，而其原因與治療的方式則大不相同。

愛因斯坦曾經寫過一篇〈人是為了別人而活著〉的文章，如下：

我們在這個世界上的處境是奇怪的：每個人，都是來做一次短暫的訪問，不知道是為了什麼。不過有時似乎也會覺察到有某種目的。

但是從平日的生活來看，有一件事情我們是很清楚的：我們是為別人而活，最重要的是為了這些人活：他們的笑容和幸福構成了我們快樂的泉源。同時，我們活著還為了另外無數個不相識的生命，憐憫之心，將我們與他們的命運連繫起來。每

下篇　認識他人，與他人互動

天，很多次，我都會意識到我的肉體生活和精神生活相當程度上是建立在那些活著的，和死去的人們的工作之上的，意識到我必須誠摯地、竭盡全力地努力去回報我所得到的東西。我經常心緒不寧，感覺自己從別人的工作裡承襲了太多，這種感覺讓我惴惴不安。

整體上在我看來，從客觀的角度，沒完沒了地思考自己為什麼會存在，或者是生命有什麼意義，是非常愚蠢的行為。不過，每個人都有一些理想，來指引著自己的抱負和辨別是非。始終在我面前閃耀著光芒，並且讓我充滿活著的喜悅的理想，是善、美和真理。對我來說，以舒適和享樂為目標的生活從來沒有吸引力。以這些目標為基礎建立起來的一套倫理觀點只能滿足一群牲畜的需求。

疑心病的原因是很複雜的，各式各樣的，更多的是屬於心理層面的，比如，抱怨對自己的不公平，嫉恨比自己強，要求自己或他人的所作所為十全十美等，而在所有疑心病的症狀中，沒自信是主要原因。

找到了病原，我們也就找到了克服疑心病的方法──疑心病是可以治癒的。

徹底治療疑心病，從心理方面來說，要將心態調整到自信、積極、樂觀的狀態中，只有自信、積極、樂觀的狀態才能使人正確地看待周圍的事物，才不會在潛意識裡產生負面的情緒。

其次，要學會用客觀的、實事求是的唯物主義觀點看待周圍的人、物以及自己，要以客觀事實材料為依據，切忌胡思亂想、主觀主義。愛因斯坦說「我經常心緒不寧，感覺自己從別人的工作裡承襲了太多，這種感覺讓我惴惴不安。」就是不能用客觀的、實事求是的唯物主義觀點看待周圍的人、物。

同時，需要學會運用正向的心理暗示，疑心病和心理暗示的情緒有關。心理暗示是指透過視覺、聽覺、嗅覺、味覺、觸覺五種感官因素，給予心理暗示或刺激，屬於心理活動中的意識思想與潛意識的行動部分之間的溝通媒介。心理暗示它會告訴你注意什麼、追求什麼和怎樣行動，因而它能支配影響你的行為，這是人心理層面擁有的一個看不見的法寶。

簡而言之，心理暗示就是一個人把上述影響作為信念，在心理上盡力趨向於這一方面。

這種心理暗示可以來自他人，也可以來自自己。來自自己的，在心理學上叫「自我暗示」。根據暗示的效果，可以將自我暗示分為正向暗示和負面暗示。正向暗示可以使人增添信心，精神振奮。負面的暗示可以使人憂心多慮、疑神疑鬼。而疑心病就是一種負面的暗示，是一種不健康的心理。

在與人溝通交際的過程中，只要學會利用正面的自我心理暗示，即人們常說的「自我感覺良好」這種積極心理，就不會出現疑心病這種不正常的心理狀態了。

■ 下篇　認識他人，與他人互動

寬容的回報：包容他人即是善待自己

寬容，是實現有效溝通的潤滑劑，能夠解決很多問題。

在美國歷史上，總有一些不幸的總統，亞伯拉罕・林肯就是其中的一位。

這裡的不幸不是林肯一生中高達三十次的失敗，而是在林肯就任總統儀式上的不幸，這件事被稱為「美國歷史上最不幸的事件」，但這件被稱為「美國歷史上最不幸的事件」卻為林肯贏得了美國公民對美國總統前所未有的尊重和愛戴。

林肯成功就任美國總統後，在慶祝儀式上，林肯的副總統安德魯・詹森（Andrew Johnson）喝得醉醺醺的，當著國會眾議員，甚至有記者在場的情況下，竟然批評林肯，說林肯像是從野生動物園裡跑出來的野馬（林肯的臉比較長，而且出身窮苦）。在接下來的演講中語無倫次，甚至一度胡說八道起來，將就職典禮搞得一塌糊塗，連基本的禮節都顧不上了。

國會眾議員看不過去，要求警察將他關進拘留所，讓他在拘留所裡醒醒酒。

林肯沒有同意，只是派人將副總統詹森送回了家。

第二天，詹森酒醒了，想起昨日之事，惶恐萬分，到林肯面前道歉。

接下來的事情,讓林肯贏得了美國公民的尊重和愛戴。這是美國歷史上除華盛頓之外,第二個在沒有為美國公民做任何事情的情況下,獲得美國公民的愛戴和擁護的總統。

林肯卻說:

我昨天也喝醉了,記不得這件事了。

這裡,林肯寬容了詹森,也為自己做了一次很好的感情投資。

這就是寬容的力量。

要知道,這個世界上,每天都有多少人被別人得罪,只要懂得讓一步,便可以化戾氣為和氣。

我聽說過這樣一個故事:

在美國舊金山的唐人街的一家菜市場裡,有個攤位生意特別好,很多人都願意去那裡購買各類蔬菜。

這邊的攤位生意好,就會遮住鄰近的幾家攤販的生意,導致他們心生嫉妒。每次收攤的時候,大家都將攤位周圍的爛菜葉等垃圾掃到他的攤位前。

攤販老闆看見後,只是笑一笑,並沒有跟他們爭執,反而將垃圾掃到自己的角落裡,等候著市場清理人員清理走。

這天,清理人員忍不住問道:「他們都把垃圾掃到你這裡,很明顯是欺負你,你為什麼不到市場管理處去投訴他們呢?」

下篇　認識他人，與他人互動

　　攤販老闆笑著說：「每到過年的時候，大家都不會往外倒垃圾。家裡的垃圾越多，來年就能夠賺更多的錢。你看，他們每天把垃圾掃到我這裡，我的生意不是越來越好了嗎？」

　　臨近攤位的人聽到後，都感覺到很羞愧，再也沒有往他的攤位前倒垃圾。

　　這位攤販的小老闆的寬容美德，寬恕了別人，同時也為自己創造了一個融洽的人際環境。

　　人的心理好比是一塊淨土，當受到外來的侵犯時，神經系統會不由自主地收縮，表示一種強烈的抵抗情緒。當兩種強烈的情緒碰觸到一起，會產生強烈的化學反應。現實中就會因此發生糾紛，產生分歧。

　　這是不利於人際交流和溝通的行為。

　　如果在受到外力的侵犯時，在一定的限度內，如果能夠選擇寬容，等於容忍了別人的侵犯，糾紛、分歧的問題便會迎刃而解。

　　生活中，人性的本能防禦難免會導致自己與其他人發生衝突。比如，有人在背後惡語中傷，面對這種情況，人的本能防禦會讓你選擇「以牙還牙」，用同樣的方式攻擊對方。

　　但是，如果這樣的話，你和惡語中傷的人有什麼區別呢？

　　比如，當生活中的朋友背叛你的時候，你是選擇伺機報復呢，還是選擇默默承受，寬容他呢？

林肯說過：寬容是一件十分困難的事情，但正是在困難的事情面前，才能彰顯一個人的品德和胸懷。

　　林肯在競選總統的過程中，他的出身成為他的競爭對手攻擊他的把柄。

　　這天，一個傲慢的參議員對他說：

　　林肯先生，在你開始拉攏別人之前，希望你記住你是個鞋匠的兒子，你的父親只會替別人修鞋。

　　林肯並沒有表現出憤怒，而是說：

　　非常感謝你使我想起了我的父親，他已經過世了，我一定記住你的忠告。

　　這個時候，參議院陷入了一片沉默。

　　林肯氣定神閒地轉過頭，對那個傲慢的議員說：

　　我的父親在修鞋上非常不錯，如果你的鞋子不合腳，我可以幫你改正它。雖然我無法像我的父親一樣，成為一個優秀的鞋匠，但我從小就跟我的父親學會了做鞋子的技術。

　　說到這裡，原先的嘲笑化作了真誠的掌聲。

　　共和黨和民主黨是美國兩個對立的政黨，林肯對政敵同樣是寬容的態度。這讓林肯的擁護者非常不滿，批評林肯：

　　你為什麼試圖讓政敵變成朋友呢？你應該想辦法打壓他們的勢力，鞏固自己的勢力。

下篇　認識他人，與他人互動

　　林肯溫和地回答說：

　　我現在做的就是在消滅政敵。你想想，當我們成為朋友時，政敵就不存在了。

　　這就是林肯的大智慧，用一個寬容的人，將敵人變成朋友，敵人就不復存在了。

　　生活中，每個人都會犯錯誤，當我們犯錯誤的時候，希望得到別人的寬容。為什麼在別人犯錯誤的時候，不能用一顆寬容的心去包容別人的錯誤？

　　別人寬容自己的錯誤，會對別人表示感激。當寬容別人的時候，自然也能夠贏得別人的感激。

　　相反，如果凡事都要斤斤計較，得理不饒人，雖然面子賺足了，實際上卻失去了很多寶貴的東西。

　　經典智慧《易經》上說：

　　天行健，君子以自強不息。

　　地勢坤，君子以厚德載物。

　　其中，厚德載物就含有寬容的意思。

　　子貢問孔子：「有沒有一個字，可以作為終身奉行的原則呢？」孔子說：「那大概只有『恕』字吧。」這個「恕」就是寬容。

雜草心態：清除「應該」的束縛

> 少說「應該」，這是對別人的一種束縛和控制。

GM（通用汽車集團）副總裁布朗發現他的一些下屬工作缺乏熱情，他們對正在從事或者即將從事的工作缺少興趣，表現得很自由、散漫。

為此，他召開了一次針對全體員工的工作會議。

「公司向你們提供豐厚的薪水，你們應該為公司竭盡全力去工作，這是職責！上帝的子民都應該竭盡全力地為上帝祈禱……」

二十分鐘的演講裡，每一分鐘都會出現一次「應該」，會議結束後，杜拉克走進了布朗的辦公室。

他對布朗說：「布朗先生，如果你能夠在演講的時候，將『應該』摒棄，或許會有更好的效果。沒有人喜歡『被應該』，這就好比是在強迫別人。我們寧願主動去溝通，而拒絕『被應該溝通』，這無異於在背後拿著槍，沒有人喜歡這種感覺。」

布朗親自寫了一封電子郵件，寄到了每個人的信箱中：

我希望你們可以告訴我，你們希望從我這裡得到什麼？

一天後，陸續收到了這些員工的答覆。於是，他又寄出一份電子郵件：

下篇　認識他人，與他人互動

我可以滿足你們的所有要求，現在我要你們告訴我，我可以從你們那裡得到什麼？

一天後，他收到了所有的回覆。根據自己的承諾，一一滿足他們的要求。

兩封電子郵件使公司得到新的激勵。

布朗說：「公司的業績顯著提高，非常驚人。杜拉克告訴我，當我摒棄『應該』時，他們也決心盡他們的最大能力了。與他們商量他們的要求，正是他們需要的熱情。」

沒有人喜歡「被應該」，即使從道德上、法律上來說，必須要做的事情，同樣沒有人喜歡「被應該」。

再拿設計師威爾金（Wilkin）的事情來說，在他明白這個道理之前，他差點失去了一次足以改變自己命運的時機。

設計師威爾金接到了一單前所未有的大業務，為著名的豪斯集團設計產品外包裝。為了表達自己的誠意，在簽訂合約時，他將違約金降低到20%。也就是說，如果對方違約，他只能拿到全款的20%。他開始努力地設計，設計出能夠讓消費者看一眼就難忘的圖樣。

很不幸，在他正在努力完成這單業務時，收到了豪斯集團的來函：

尊敬的威爾金先生：

企業業務有變，合約終止，違約金已經支付，敬請諒解。

雜草心態：清除「應該」的束縛

威爾金非常憤怒，他立刻到趕到豪斯集團，商量未果，同時得知，業務已經交給另一家設計公司。

威爾金當場對副總裁說，「我們有約在先，你們就應該遵守合約，應該使用我的設計，應該繼續與我合作……」

效果可想而知。

威爾金憤憤地離開了。

一天後，威爾金再次到了豪斯集團，對副總裁說：「這是20％的違約金，我悉數歸還，既然是我的設計無法讓你們滿意，責任應該由我承擔。這次的合作失敗，我希望我們還是朋友。這裡有些我尚未設計完的圖紙，如果你有辦法能夠將它們設計得更完美，以適合你用，請告訴我！」

然而他離開了。

他還沒有回到公司，就接到了副總裁的電話：

你繼續你的設計，我想我們的合作一定會非常順利──交易立刻成功了。

威爾金是幸運的，他處理的方式讓對方覺得舒服。他沒有告訴對方「你應該如何做」，而是反過來讓對方告訴他：你的方式讓我很舒服。

人的情緒容易被「應該」所操縱。人性的強勢，使人做事情會遵循一定的方式和規則，這種方式和規則多半帶有一種強烈的控制力。

下篇　認識他人，與他人互動

　　人是獨立的個體，沒有人喜歡被約束、被控制，當你被別人控制和約束時，會激起強烈的情緒反抗，這是人性的本能反應。例如，你被別人強制著去做某件事，心中會產生強烈的反感情緒，即使你想去做某件事，但主動與被動是兩種完全不同的感情效應。

　　你不願意被別人控制、約束，相反，別人也不情願被你控制和約束。

　　與別人溝通的過程中，你需要摒棄「你應該」。即使從道德上、法律上來說，應該如何做，但依舊帶有感情方面強烈的反感。

　　不少管理者總是有一種強烈的控制欲，比如「你務必把這單業務拿下來，這是命令」、「你應該做好這件事，這是義務」。

　　情感上一旦被打上「應該」、「務必」的成分時，無異於戴上沉重的枷鎖。帶著枷鎖行走，肯定會不俐落。

　　在非洲南部的大陸上居住著一個古老的民族，約納氏克族。他們依靠栽種一種名為摩斯那笛的植物為生，已經延續了幾千年的歷史。簡單的勞動使得他們喜歡和平安寧的生活，與賴以生存的環境和諧地相處，常年遊蕩在沙漠、草地和海邊。

　　簡單的勞動使得他們的語言過於簡單，因此，約納氏克族人只有簡單的文字，沒有文學。

　　儘管現代文明高度發達，使他們的生活發生了極大的變

化，但他們依然努力延續自己古老的生活習俗，人與人之間和諧相處，宛如世外桃源。

約納氏克族人中，流傳著一句簡單的詩，這首詩是他們唯一的文學，全部的信仰，寫著他們生活的全部寫照，是一種神祕的咒語。如果將這句咒語翻譯成中文，應該是這樣一句話：

可是，我們之間是多麼不應該啊！

這句咒語是約納氏克族人之間和睦相處的祕密所在。

然而，現實生活中，很多人的情緒被「應該」所操縱。例如如果我對你付諸感情，你就應該對我付出相同的情感。否則，就會鬱鬱寡歡。

然而，我們希望別人尊重我們的意見，卻不允許別人強迫我們的意志。

人與人之間的溝通同樣如此，不管是身處要職，還是籍籍無名，我們都是獨立的個體，都希望得到尊重，而不喜歡被控制。

國家圖書館出版品預行編目資料

人性運籌中！主宰社交局面的核心法則：重塑認知、認清價值、化解爭端、鋪墊關係……打破外界定式，書寫屬於你的贏局 / 韓壘 著. -- 第一版. -- 臺北市：財經錢線文化事業有限公司, 2025.02
面；　公分
POD 版
ISBN 978-626-408-167-2(平裝)
1.CST: 人際關係 2.CST: 社交技巧
177.5　　114001222

人性運籌中！主宰社交局面的核心法則：重塑認知、認清價值、化解爭端、鋪墊關係……打破外界定式，書寫屬於你的贏局

作　　　者：韓壘
責任編輯：高惠娟
發 行 人：黃振庭
出 版 者：財經錢線文化事業有限公司
發 行 者：崧燁文化事業有限公司
E - m a i l：sonbookservice@gmail.com
粉 絲 頁：https://www.facebook.com/sonbookss/
網　　　址：https://sonbook.net/
地　　　址：台北市中正區重慶南路一段 61 號 8 樓
8F., No.61, Sec. 1, Chongqing S. Rd., Zhongzheng Dist., Taipei City 100, Taiwan
電　　　話：(02) 2370-3310　　傳　　　真：(02) 2388-1990
印　　　刷：京峯數位服務有限公司
律師顧問：廣華律師事務所 張珮琦律師

-版權聲明-

本書版權為樂律文化所有授權財經錢線文化事業有限公司獨家發行電子書及紙本書。
若有其他相關權利及授權需求請與本公司聯繫。
未經書面許可，不可複製、發行。

定　　　價：330 元
發行日期：2025 年 02 月第一版
◎本書以 POD 印製